心理学
──基礎と応用──

森 二三男 編著
北守 昭・山田弘司 著

第2版

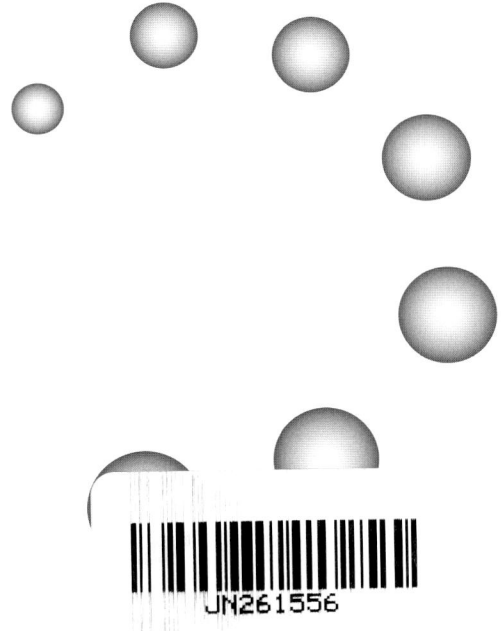

医歯薬出版株式会社

心理学

基礎と応用

金 沢 創 編著
米ブ 山 · 山口真美 著

第 2 版

御茶の水書房

はじめに

　現代社会はグローバル化の波に洗われて間断なく新しい情報が私たちの目や耳を刺激しています．

　しかし，その情報も人の心が生み出している結果であり，その流れに適切な反応をしつつ人々が生活しているか否かが，その人の進路や生活を，大きく左右します．

　したがって，望ましい未来や明日の生活を期待するためには，人の心について知りたいと思っている若い人々のために，私ども三人は新世紀を迎えた今，この本の内容を清新なものにしようと話しあって，改訂増補しました．

　なお，将来全面改訂を期しておりますので，今後の叱正，ご示唆をお願い申し上げます．

　2002年1月

編　著　者

はじめに

　国際的に情報化を志向する現代社会のなかで，心理学研究のめざましい成果が蓄積されてまいりました．とくに基礎的分野では，認知心理学の研究を中心に大きな変革がみられます．

　同時に，心理学を実際生活の諸問題の解決のために応用しようとする範囲も，次第に広く，かつ多彩なものとなってきています．わたくしたちは，こうした視点から基礎と応用の両面にわたる改訂を必要とすることを痛感しておりました．

　そこで，新進気鋭の共著者には，第Ⅰ部基礎編の執筆を，また人生経験の歳月を重ねた共著者は，第Ⅱ部応用編を担当し，新編といたすことにしました．

　20数年前に，この本の初版を世に生み出してくれた医歯薬出版社の皆様，資料を提供してくださった関係者に心から感謝申し上げるとともに，新編への読者の皆様からの忌憚のないご意見，ご叱正をいただけるなら望外の喜びでございます．

　1991年10月10日

　　　　　　　　　　　　　　　　　　　　著　者　一　同

も く じ

はじめに……iii

プロローグ　現代心理学のはじまりと本書の概要 ……1

現代心理学のはじまり………… 1　　ゲシュタルト心理学………… 2
行動主義の心理学 ………………3　　精神分析系統の心理学 ………3
認知心理学のなりたち……………4　　本書の概要…………………5

第Ⅰ編　心理学の基礎

1. 知覚と認識 ── 環境情報の取得 ── ……7

1）知覚研究の現在 ……7
2）見えるとおりには見ていない ……7
 (1) 線がないのに見える：主観的輪郭線……8　(2) 錯視：知覚の誤解？……8
 (3) 錯視：正しい知覚？……10
3）平面から立体を見る不思議 ……10
4）視覚の神経生理学 ……12
 (1) 特徴抽出細胞……14
5）色覚のメカニズム ……15
6）脳の左右差 ……17
7）開眼者の知覚 ……19
8）アフリカの原住民の絵画知覚 ……20
9）パタン認識 ……22
 (1) 特徴抽出モデルの問題点……24
10）選択的注意とは ……25

2. 記憶 ── 情報の貯蔵 ── ……30

1）記憶の研究について ……30
 (1) 記憶の検出方法……30　(2) 情報処理マシンとしての人間……31
2）感覚記憶 ……31
3）記憶の二重構造 ……33
 (1) 記憶の仕組み……33　(2) リハーサル……34
 (3) 記憶障害者 H.M.……35　(4) 系列位置記憶……35
4）短期記憶の処理 ……37

(1) 忘却……38
　5）長期記憶 …………………………………………………………39
　　　(1) 名人の暗記力……40　(2) 物語連鎖法……41
　　　(3) 絵の記憶にみる意味づけ……41
　6）長期記憶化のプロセス …………………………………………42
　　　(1) 再構成……43　(2) 犯人の確認……43
　7）写真のような記憶 ………………………………………………44
　　　(1) 超記憶能力者……45
　8）記憶の表象 ………………………………………………………46
　9）知識の配置 ………………………………………………………47
　　　(1) ヒツジとウマはどれくらい似ていますか……49
10）長期記憶の忘却 …………………………………………………50
11）動物の記憶 ………………………………………………………50
12）忘れる記憶と忘れない記憶 ……………………………………51

3．思考 ── 問題を解決する ── …………………………………53
　1）問題解決とはなにか ……………………………………………53
　　　(1) 心理学における問題解決実験……53
　2）問題の表現方法と解決の難易度 ………………………………55
　3）類推と問題解決 …………………………………………………55
　　　(1) 類推と理解……56　(2) 類推と問題解決……56
　4）問題解決と過去経験 ……………………………………………57
　5）人間は論理的判断を行なうか …………………………………58
　　　(1) 演繹的推論と帰納的推論……58　(2) 演繹的推論にみられる誤り……59
　　　(3) 人間の論理的推論……59
　6）確率的な事象に対する判断 ……………………………………62
　　　(1) 代表性……62　(2) 人間はほんとうは論理的……64
　7）人工知能と問題解決 ……………………………………………64
　　　(1) 人工知能とは……65　(2) なぜ人工知能で人間の思考が研究できるのか…65
　　　(3) 人工知能の歴史……66　(4) 一般的問題解決システム……67
　　　(5) 自然言語理解……69　(6) すぐれた日常問題解決……70

4．言語 ── 意志を伝える ── …………………………………………72
　1）言語の機能 ………………………………………………………72
　2）動物はことばをもつか …………………………………………72
　　　(1) ベルベットモンキーの警戒の叫び……73　(2) イルカのコミュニケーシ

　　　　　　ョン実験……73　　(3) ハトのコミュニケーション実験……73
　　　　(4) 賢い馬ハンスは賢いか……74
　　3) ことばを習うサル …………………………………………………………75
　　　　(1) 手話を学ぶチンパンジー……75　　(2) プラスチック記号言語……78
　　　　(3) コンピュータと対話するサル……79　　(4) ことばを理解するチンパンジー
　　　　……80
　　4) 言語の条件 ……………………………………………………………………81

5. 学習 ── 行動のコントロール ── ……………………………………83
　　1) 学習と勉強は別のこと ………………………………………………………83
　　2) 学習の基本パタン ……………………………………………………………83
　　3) 事象間の関係の理解：パブロフ型条件づけ ………………………………85
　　　　(1) 実験神経症……86　　(2) ガルシア効果……86　　(3) 学習性の無力感……87
　　4) 行為とその結果の理解：オペラント条件づけ ……………………………88
　　　　(1) オペラント条件づけの学習過程……89　　(2) オペラント条件づけの訓練手
　　　　順……90　　(3) 精神病院でのオペラント条件づけ……90
　　5) オペラント条件づけのさまざまな現象 ……………………………………91
　　　　(1) 迷信行動……91
　　6) パブロフ型条件づけとオペラント条件づけの相違 ………………………92
　　7) パブロフ型条件づけとオペラント条件づけの相互作用 …………………93
　　8) 条件づけの応用 ………………………………………………………………93
　　　　(1) パブロフ型条件づけによりあがりを防ぐ……93　　(2) オペラント条件づけ
　　　　によるアルコール依存症の治療……94　　(3) 自閉的子どもの治療……94

6. 動機づけと感情 ── 感情に左右される人間 ── ……………………96
　　1) 動機づけとは …………………………………………………………………96
　　2) 生命の維持と種の保存 ………………………………………………………96
　　　　(1) 摂食行動と摂水行動……97　　(2) 社会的促進……98
　　　　(3) 肥満者の食行動……98　　(4) 血液中の血糖濃度……99
　　　　(5) 子孫の保存の要求……99　　(6) 性行動……100
　　3) 動機づけの強さの測定法 ……………………………………………………101
　　4) 内発性動機づけ ………………………………………………………………101
　　　　(1) 感覚遮断実験……102
　　5) 社会的動機づけ ………………………………………………………………103
　　　　(1) やる気と目標設定……103
　　6) フラストレーションとその解消 ……………………………………………104

7） コンフリクト ……………………………………………………………105
　　　　(1) コンフリクトと選択反応……105
　　8） 情動とは ………………………………………………………………106
　　　　(1) 表情の推定……107　(2) 生理的変化と情動状態の関係……108
　　　　(3) 泣くから悲しい……108　(4) 情動の認知モデル……109
　　9） 情動の役割 ……………………………………………………………110

第II編　心理学の応用 ── こころの健康

7. 発達の心理 ── ライフサイクルからみた発達 ── ……………111
　　1） 人間の発達 ……………………………………………………………111
　　2） 発達段階と発達課題 …………………………………………………112
　　　　(1) 乳・幼児期……113　(2) 児童期……114　(3) 青年期……116
　　　　(4) 成人期……118　(5) 老年期……120
　　3） 発達研究の現在 ………………………………………………………122

8. パーソナリティ ── 性格の理解 ── …………………………………124
　　1） パーソナリティと性格 ………………………………………………124
　　　　(1) 類型論……124　〈クレッチマーの類型論，その他の類型論，ユングの外向，内向タイプ論〉　(2) 特性・因子論……128　〈オールポートの特性論，キャッテルの特性・因子論，アイゼンクの類型的因子論〉
　　2） 精神分析の人間観 ……………………………………………………132
　　3） 性格の形成 ……………………………………………………………133

9. 知能 ── その測定と評価 ── ……………………………………………135
　　1） 知能とは ………………………………………………………………135
　　2） 知能の測定・検査 ……………………………………………………136
　　3） 知能検査結果の表わしかた …………………………………………137
　　4） 知能の分布 ……………………………………………………………139
　　5） 知能の発達とIQの恒常性 ……………………………………………139
　　6） 知能テストの利用 ……………………………………………………140
　　7） 高齢者の知能 …………………………………………………………142
　　8） 知能の診断と検査値 …………………………………………………144

10. 心の健康 ── メンタルヘルスとストレス ── ………………………146
　　1） メンタルヘルス ………………………………………………………146
　　2） ストレス ………………………………………………………………147
　　3） ストレス度評価法 ……………………………………………………150

4) タイプA行動とCHD ……………………………………………150
　　5) CMI : Cornell Medical Index ……………………………………152
11. 心理臨床 —— サイコセラピー —— ……………………………156
　1) 臨床心理学 ……………………………………………………156
　2) 性格テスト ……………………………………………………157
　　(1) インベントリーまたは質問紙法……157　〈a　MPI（モーズレ性格検査）
　　　b　MMPI : Minnesota Multiphasic Personality Inventory.　c　Y－G性
　　　格検査〉
　　(2) 作業検査法……161
　　(3) 投映法……162　〈a　SCT：Sentence Completion Test.　b　ロールシャッ
　　　ハテスト：Rorschach Test.　c　TAT：Thematic Apperception Test.　d
　　　P－Fスタディ：Picture Frustration Study.　e　その他の投映法テスト〉
　3) 性格テストの種別と特色 ……………………………………166
　4) 心理療法 ………………………………………………………167
12. カウンセリング —— 心と心のふれあい —— …………………170
　1) カウンセリングの論拠 ………………………………………170
　2) 適応の指導 ……………………………………………………171
　3) 適性テスト ……………………………………………………173
　4) 親子カウンセリング …………………………………………175
　5) 学校カウンセリング …………………………………………176
　6) 職場のカウンセリング ………………………………………179
13. 福祉のこころ —— 社会福祉援助と心理学 —— ………………181
　1) 高齢者の心理 …………………………………………………181
　　(1) 高齢者の認知機能……181　〈高齢者の知的活動，高齢者の記憶様式〉
　　(2) 中・高齢者の人間関係……184
　2) 障害者をめぐる心理学的知識 ………………………………186
　　(1) 障害者の心理と援助……186
　3) 福祉的援助活動とこころ ……………………………………188
　　　エピローグ …………………………………………………190
索　引 ……………………………………………………………191

プロローグ
― 現代心理学のはじまりと本書の概要 ―

現代心理学のはじまり

心理学 Psychology は，認識の問題を解明する学問としてギリシヤ時代の哲学から派生した．しかし，近代になってから実験科学の方法をとり入れて独立し，学問の体系を整えたのが現代心理学である．

現代心理学は，1874年にライプチヒ大学のブントが"生理学的心理学綱要" Grundzüge der Physiologischen Psychologie をあらわし，大学において最初の独立科学としての心理学を講義しはじめると同時に，その5年後には同大学に心理学実験室を創設して，講義と実験とを併進させつつ研究と教育を行なうようにしたことから始まった．

当時の研究内容は **反応実験** を主としたもので，ほとんど感覚生理学的なものに近い素朴な方法によるものであったが，彼の研究方法を伝えきいた世界各国の研究者たちはこぞって彼の

写真 1　W.ブント

実験室に集まった．そのなかにはイギリスのティチェナー，アメリカのスタンレー・ホール，キャッテル，そして日本では井上哲次郎，松本亦太郎などの先覚者たちがおり，この研究室で実験方法を習得して母国にもち帰った．これらの先達は，それぞれの国に実験的研究の基礎をかためたのであった．

ブントは心理学を直接経験の学であると規定し，**内省法**（または **内観法**）によってこの経験を簡単な要素に分析して，これらの要素を結びつける（**統覚** する）ことによって構成された意識を記述説明するという方法をとっていた．

しかし，こうした **構成主義** 的方法や意識中心の考えかたには多くの欠陥と限界があり，例えば内省した内容それ自体は当事者自身にしかわからないものであり，しかも，刻々に流動変化する意識現象を要素に分解してしまって，ふたたび構成されたものは，もはや本来の意識とはまったく違ったものとなっているかもしれないという，批判や反論がでてくるのは必然的であった．

20世紀初頭には，彼の機械観的な学説に反対した多くの心理学者たちのなかから，心理学の基礎づけをめぐるはげしい論争の嵐がまきおこり，これらを契機として定着しはじめた現代心理学には，それぞれ特徴的な3つの流れの跡がその川床にくっきりと認められるのである．

ゲシュタルト心理学

さきにものべたようにこの学説はドイツの精神的風土から生まれ，その独創が新事実をもたらした領域は知覚を中心とする問題にあった．意識を要素の結合とみて部分から全体の構成を説明しようとするブントの心理学に反対し，"全体は部分を規定する"と強く主張したこの学派は，ウェルトハイマー，ケーラーおよびコフカの3人の心理学者によって形成された．

写真 2　M.ウェルトハイマー

しかし形態論の先駆的思想は，すでにグラーツ学派のエーレンフェルスおよびマイノングら作用心理学者たちの構想としてもたれていたものであって，19世紀の末に彼らは音の移調によってメロディーの感じは変わらないことから"**全体は部分の総和以上のものである**"という形態質の理論を主張していた．これにマッハの感覚論を援用し，仮現運動の知覚現象を手がかりとして集大成されたものがゲシュタルト心理学の中心的な内容となっている．

行動主義の心理学

ゲシュタルト学説がウェルトハイマーによって提出された同じ 1912 年に，アメリカの心理学者ワトソンは従来から意識を心理学の研究対象としたことの難点を批判し，これを排除して刺激（S）と反応（R）を含んだ生活体の行動を心理学の対象とすべきであると宣言した．その日から，行動主義の心理学は始まったといわれている．

彼の学説はエンジェル，デューイらのシカゴ学派にうけつがれ，やがてエール大学のハルや，ハーバードのスキナーらに継承されて新行動主義の心理学といわれ，現代アメリカの心理学では主流ともみなされるようになった．

現在では広く社会のすみずみまで心理学の知識が普及し，産業における人間関係の問題処理

写真 3　J.B.ワトソン

のために，あるいは教育における学習環境と生徒・児童の認知構造化や，関係把握と指導方法のよりどころとして求められている．さらには広く一般社会の政治・経済体制などを規定する政策科学として，心理学を核とした，自然科学および社会科学の枠をはずして統一的科学としての **行動科学** を樹立しようと試みつつあるアメリカでは，行動科学的心理学が主流となってきている．

精神分析系統の心理学

今世紀のはじめには，心理学は自然科学の一部となろうと努力していたが，その結果として必然的に自我を見失い，具体的人間を忘れかけようとしていた．それを大胆に救いだそうとしたのがフロイトの創始した精神分析学派である．

フロイトの学派は，独断的・非科学的な見解にすぎないとみられて，正統的心理学者たちからは長い間異端視されてきた．ところが，第二次大戦前後の人格心理学の進歩と，臨床心理学の勃興発展につれて，彼の後継者たちが

写真 4 S.フロイト

築きあげた成果とともに，しだいに多くの人びとに認められるようになってきた．

フロイトは長年にわたる精神障害者の臨床的観察にもとづき，心に意識と無意識の二面的機能があるとして，パーソナリティの理論を発展させた．しかし，心的エネルギーの根源は性欲であるとする極端な汎性説は，後継者アドラーやユングから強い批判をうけた．

さらに，ホルネーやサリバン，フロムらによって彼の思想はうけつがれ，独特の暗示的心理療法や，固有の比喩的な用語による心理現象の解釈と説明法は，日常語として多くの小説や演劇，映画など芸術作品のなかにまで浸透してきている．

認知心理学のなりたち

認知 Cognition ということが心理学研究の話題として登場したのは，コンピュータの発達とともに情報化時代の幕開けを迎えた 1950 年以降のことである．

この分野に大きな影響を与えたミラーやブロードベント，ならびに言語学者のチョムスキーらをはじめとして，1967 年に出版されたナイサーの「認知心理学」は，従来の心理学を大きく転換させるほどの強いインパクトをもたらした．

しかし，ひとくちに認知心理学といっても，その中にはさまざまな立場や方法の違いがあり，現在なお発展途上の分野といってよいであろう．その特徴は情報処理の考え方を大幅に心理現象の究明に導入し，知覚，記憶，推論，問題解決などの課題にチャレンジして多彩な研究成果を発表しつつあることで，新しい心理学の方向が示唆されているのである．

●本書の概要

　この本の第Ⅰ部は，知覚，記憶あるいは注意のメカニズムはどうなっているか，人間が言葉を憶えて話すのはどのようにして学びとられるのか，などの基本的な **知性機能** について考えてみようとしている．

　また，喜びや悲しみ，驚きや不安などの感情や情動の心理は，いかにして解明されつつあるかというような，実験科学的な現代心理学の基礎的領域の問題をとりあげている．

　また第Ⅱ部では，「子どもの発達の過程で親はどんなことをしてやらなければいけないのだろうか」といったことや，「あの人は，なぜあんな危険なことを怖れるようすもなくやれるのだろうか」など，多くの人が持っている疑問を正面にすえて，こうした人間行動の具体的，実際的問題を考える手がかりをとりあげている．

　現代社会はハイテク時代といわれるが，ハイテクであるが故にまたストレス社会ともなってしまい，不適応や不健康に陥ってしまう人が増えている．

　カウンセリングや，心理療法といったことが，ごく日常的なこととして語られるようになったのも，快適な生活を送りたくても，それができない人たちが多いことを物語る証拠である．

　第Ⅱ部はこのような人間性にかかわる問題を読者とともに考えてみようとする視点から内容が組みたてられている．

第1編 心理学の基礎

知覚と認識 ─環境情報の取得─

1. 知覚研究の現在

　周囲を見回すとなにが見えるだろう．机，黒板，それとも友人の顔だろうか．ものを見てそれが何であるかわかることは**知覚** perception（正確には視覚）とよばれている．見えるということはどのような働きによって行なわれているのだろうか．この疑問こそ昔から現在に至るまで心理学の知覚の研究者の探求を引きつけ，研究へと向かわせている問題である．残念ながら現在でもこの疑問が完全に解決されてはいない．しかし，この問題は心理学のみならず医学や工学の研究者も加わってさかんに研究が行なわれており，めざましい成果があがっている．この章を最後まで読めば，人間の視覚はきわめて高度な仕組みによって達成されているということがわかるだろう．

　ものが見えるのはどんな働きなのかということを考えることはまれだろう．なにか特別な場面に遭遇しなければ，あらためて考えることはないにちがいない．たとえば，色盲検査をさせられて，自分の見える数字とは違った模様が見える人がいると知ったとき，あるいは，色付きめがねをするだけで映画が立体的に見えたときなどである．色盲検査紙や立体映画は視知覚に関する研究成果にもとづいて作りあげられたものであり，人間の視覚の仕組みについて実感できるよい例といえる．

2. 見えるとおりには見ていない

　われわれの視覚はテレビ撮影に例えられることがある．眼球はカメラに対応して，視覚はテレビに映し出される映像に対応していると見なされる．つまり目に写っている光景が頭の中に見たままに正確に映し出されているとい

う考えである．実際，正常な目を持っていれば自分の視覚が不正確だと感じることはないだろう．そのため，このような比喩は世間一般には受けのよい考え方である．しかし，心理学の研究者であれば，視覚が対象を見たままに正確に映し出してはいないことを知っている．つぎに視覚が見たままのものでないということを実感できるような例をいくつか紹介しよう．

線がないのに見える：主観的輪郭線

図1-1を見てみよう．そこに実際に書かれているのは，おうぎ型の3つの図形であるが，その内側に三角形が感じられないだろうか．この三角形の輪郭のように実際には書かれていないのに感じられる線を主観的輪郭線とよぶ．この現象は心理学の研究対象となっているばかりでなく，デザインの分野でも日常的に利用されている．主観的輪郭線は書かれていないと知っていても感じられるものであり，われわれの知識とは関係なく生じる．そのためこの現象は人間の視覚のメカニズムを反映していると考えられる．

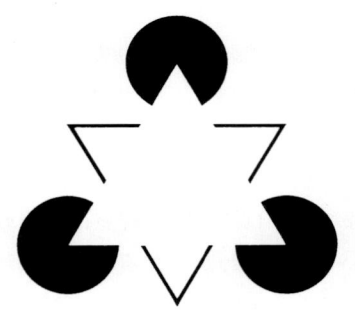

図1-1　主観的輪郭線

錯視：知覚の誤解？

人間の視覚が見たままでないことをしめすもうひとつの例は錯視 illusion 現象である．図1-2の上の図形はヘリングの錯視図形とよばれるものである．たいていの人は2本の水平線が中央で湾曲しているように見えるだろう．しかし，定規を当ててみれば，これら2本の水平線はいずれも

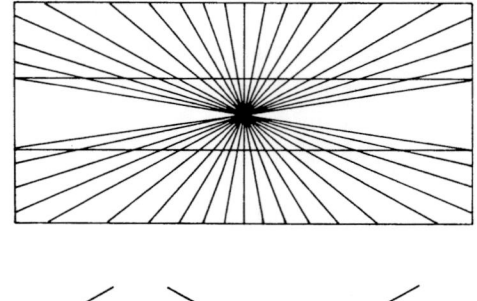

図1-2　錯視図

直線であることが簡単にわかる．この他にも錯視を生じさせる図形は多数考案されている．ミュラー・リヤーの錯視図形も図1－2の下に示したので何が奇妙に見えるのか試してみるとよいだろう．

　現実場面でも錯視現象が見られる．山間部の道路のある場所で事故がとても多く，その原因を調べたところ運転者が坂の勾配を勘違いしていることがわかった．その場所は下り坂が平坦に変わるところであるのに，運転者にはどうしても上り坂に変わるように見えてしまう．そのため，必要以上にアクセルを踏みすぎて，その先のカーブを曲がりきれなくなるということだった．これは見誤りとはいいにくい．なぜなら，実際に平坦であると知らされた後でも，なおかつ上り坂に見えるからである．

　この現象は奥行き知覚 depth perception に関する錯視現象である．奥行き知覚とは立体感のことであり，見ている対象がどの程度遠くにあるのか，どの程度の大きさなのかということに関する知覚のことである．まわりに物体が少ない場合，奥行き知覚が不正確になりやすい．われわれがなぜ奥行きを感じることができるのかという問題は古くからの疑問である．この問題については次の節で改めて扱うことにする．誤った奥行き知覚による錯視現象をもうひとつ紹介しよう．

　飛行機から地上を見て自分がいまどのくらいの高度にいるかわかるだろうか．地上ならば，たとえば向こうの信号までの距離を聞かれればある程度確信をもって答えられるだろうが，高度になるとお手上げだろう．飛行機から地上までの間には物が何もないため，距離を推定する手がかりがない．見積りが不正確になるばかりでなく，下の方向を見積るときには，実際よりも遠くに見積る傾向がある．つまり，まだまだ地上は遠くだと感じていても，実際には地上が近くにきてしまっているということである．高度計があれば正確に地上までの距離がわかるが，もしそれが使えなければ大きな問題である．世界中では年間に何件かは飛行機事故が起きているが，その原因の一部にこのような距離の見積りの誤りがあるのではないかといわれている．

　人工的な錯視図形や現実場面での錯視を紹介したが，人間の視覚は見ているものをそのまま正確に写しだしているわけではないことが実感できただろう．

錯視：正しい知覚？

錯視の話をそのまま聞いていると，人間の視覚は不正確であてにならないように思えるかもしれない．しかし，その考えは誤りである．たとえばミュラー・リヤー錯視の原因の一つは，図形が奥行きを感じさせることであるといわれている．奥行きを感じることは人間にとって必要不可欠なことであり，きわめて重要なことである．この錯視が生じることは，奥行き知覚が正常に行われていることを意味することであり，むしろ人間にとっては自然で，好ましいことであるのだ．

3．平面から立体を見る不思議

さて，視知覚に関する問題のなかで，もっとも基本的で，なおかつもっともさかんに研究されていることは，人間が対象を立体として知覚する仕組みはどのようになっているのかということである．視覚刺激は眼球を通じて網膜上に像を写す．この像が電気信号に変えられて大脳に伝えられ，そこで処理され知覚が生じる．網膜は平面であるので網膜上の像も平面図形である．これは何を意味するのだろう．図1-3を見てみよう．aからdまでの対象はすべて異なった大きさと形をしている．しかし，これらは網膜上ではすべて同じ大きさ，同じ形に写っているのである．だから，もしわれわれが，網膜上の像を唯一の情報源としているならば，つまり，その対象に手を伸ばして触ったりしなければ，これらの対象をまったく区別出来ないはずである．しかし実際には苦労なく区別できる．ここに疑問が生じる．網膜上の平面的情報から立体的な知覚が生まれる仕組みがどのようになっているかという問題である．この問題に対する解決策は20世紀初頭から考えられてきた．つぎに，古典的な考え方から現在の考え方まで紹介する．

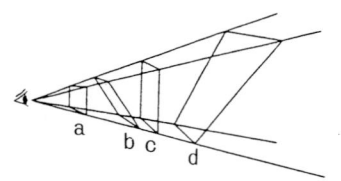

図1-3　立体と網膜像の対応

従来から提案されている考え方は，人間は意識はしないが，ある種の推論によって立体像を決定しているとするものである（ヘルムホルツ流の見解）．ヘルムホルツ流の見解によれば，人間は平面情報から考え出される無数の立体について，すばやくもっともらしい立体を選び出しているとされる．重要な点は，この選び出すプロセスが，知識や先入観などをもとにして行なわれるとされることである．知識にもとづいて行なわれる知的作業はトップダウン処理，あるいは概念駆動型処理とよばれる．

　ここでヘルムホルツ流の見解を支持するような例を紹介する．図1－4を見てもらおう．

図1－4　これは何でしょう

　この白黒のまだら模様は一見すると意味のない絵に見えるだろう．これはたいていの人が知っているものなのである．わけがわからないと実感できたら，答えが章末に載せてあるので確認してみよう．おもしろいことは，いったんこの絵が何であるかわかってしまうと，最初に感じたように無意味な絵と見なすことが決してできなくなってしまうことだ．

　何が描かれているかという知識があるかないかによって，絵の見え方はまったく異なってしまう．しかも知識をもってしまうと意識しなくても自動的

にそう見えてしまう．このことからこの例は，知識が見えかたを決めてしまう機能をもつことをしめしていると考えられる．

ヘルムホルツ流の見解を再確認するとつぎのようになる．網膜像は2次元であり，対象を3次元的に再構成するのに十分な情報を含んでいない．そこで，不十分な網膜像の情報を自分の知識や推論でおぎなって，3次元的に構成している．

ヘルムホルツ流の見解に真っ向から異議を唱えているのがギブソンである．1970年代に始まるかれの理論の中では，平面的情報の中には立体を再構成するのに十分な情報が含まれているとされる．人間は推論を行なって3次元情報を再構成しているのではなく，平面情報に含まれる手がかりだけをもとにして立体の再構成を行なっている（ギブソン流の見解）．この考え方には人間以外の動物の視覚も考慮されている．というのは，動物は適切に周囲の様子を判断して生活して，そのさい平面的情報から立体の再構成を行なっているはずである．ヘルムホルツ流の見解によれば，動物の場合にも知識や推論にもとづいて立体の再構成を行なっていることになる．チンパンジーのような比較的高等な動物ならばともかく，魚や鳥のような動物もそうだというのだろうか．このような素朴な疑問から発したギブソンの研究は視覚の分野で重要な理論をつくりあげている．

4．視覚の神経生理学

目にはいっている情報がどのような経路で脳に伝えられているのだろうか．つぎに医学，生理学の分野で解明されてきた視覚の生理学的機構を紹介する．

図1－5を見てみるとわかるとおり，風景は角膜やレンズを通って目の奥の網膜スクリーンに写る．網膜は厚さがわずか0.2ミリで大きさは切手ほどであり，実に1億3千個もの視細胞が並んでいる．視細胞は形や機能の違う桿体 rod と錐体 cone の2種類の細胞から構成されており，いずれも光が当たると電気信号を発するようになっている．ここではじめて光信号が電気信号に変換され，以後情報は電気信号で伝えられ，処理されていくことになる．桿体と錐体の違いは，桿体は暗いところでよく活動し，明るさの情報を伝え

るのに対して，錐体は明るいところでよく活動し，色の情報を伝える点にある．薄暗いところでは色がよく見分けられなくなるのは，錐体がよく働かないせいである．

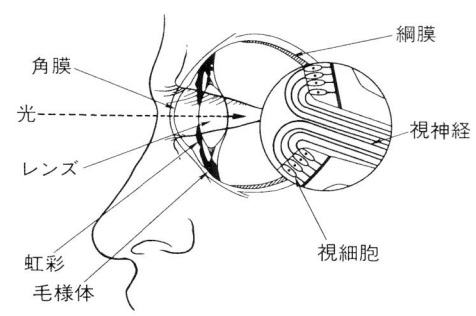

　さて，桿体や錐体からの信号は，統合されながら神経節細胞へと伝えられていく．視細胞からの1億以上の数の信号が，わずか数百万の数の神経節細胞へと統合されていき，この過程をとおして色や明るさの情報が抽出される．この視細胞から神経節細胞にいたるまでの過程は色覚の研究者に

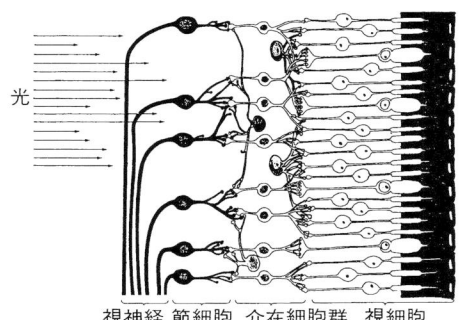

図1-5　網膜から視神経の図

とくに注目されている部分であり，色覚異常（色盲）はこの部分の異常で起こることがわかっている．

　神経節細胞からの電気信号はいよいよ大脳へと伝えられる．神経節細胞はそれぞれ1本ずつの視神経で大脳とつながっているので，両目から何百万もの神経の束が脳へとつながっていることになる．大脳は一つの大きなかたまりではなく，左右に分かれていて，それらは左半球，右半球とよばれている．興味深いことに，右目からの視神経は左半球へ，左目からの視神経は右半球へと交差するように大脳へと伸びている．交差する視神経の大部分は逆の側の大脳へ，ほんの一部分が同じ側の大脳へと続き，外側膝状体という部位へ最初に到達し，さらに視覚野へと伸びていく．この視覚野から先で行なわれる処理によって見えるという感覚が生じるわけである．ただし，その処理の詳細についてはまだ研究途上である．

特徴抽出細胞

すでに説明したように，光が捉えられる最初の段階，つまり視細胞はきわめて単純な働きしかしない．視細胞は光の量が多ければ連続的に，少なければ散発的に，インパルスとよばれる電気信号を発生する．この単純な信号が脳内でさまざまな処理を受け，最終的に形や色についての感覚が生じる．信号が脳内のどこを伝わって行くかについては，かなり解明されている．しかし，そこで信号がどのように処理され，変化するのかについてはまだ完全にはわかっていない．

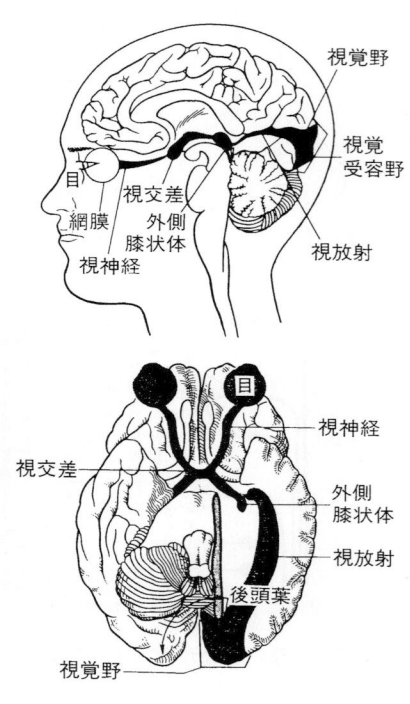

図1－6　視覚神経経路の図

この疑問に答える研究は電気生理学の分野でさかんに行なわれている．現在では，調べたい一個の神経細胞の活動を調べることができる．微小電極法とよばれるこのテクニックでは，髪の毛よりも細い（1から3ミクロン）合金製の針を作り，被験体のサルに，無麻酔で針を挿入する．そのままの状態で，目の前のスクリーンに刺激図形を写し出し，それを見ているときの神経細胞の電気活動をこの針を電極としてモニターする．

この方法を用いて，視神経が大脳に最初に到着する視覚野で細胞の活動を測定すると，網膜上に垂直の線が映ったときによく反応する細胞があったり，ある傾きの線に反応する細胞が見つかる．このことから，この部位では物体

の形の基本的分析が行なわれていると考えられる．

視覚野からさらに信号の伝達経路を進んでいくと，耳からこめかみの方向に位置する下側頭葉とよばれる部位に達する．この部位で電気活動を測定してみたところ，とても面白い反応をしめす神経細胞が発見された．図1－7にしめしたのは，それぞれの図形をサルにしめしたときの細胞の反応のようすである．

1本の縦線が細胞の一回の反応をしめしていて，線が多いほど細胞が活発に活動していることを意味している．反応を見て

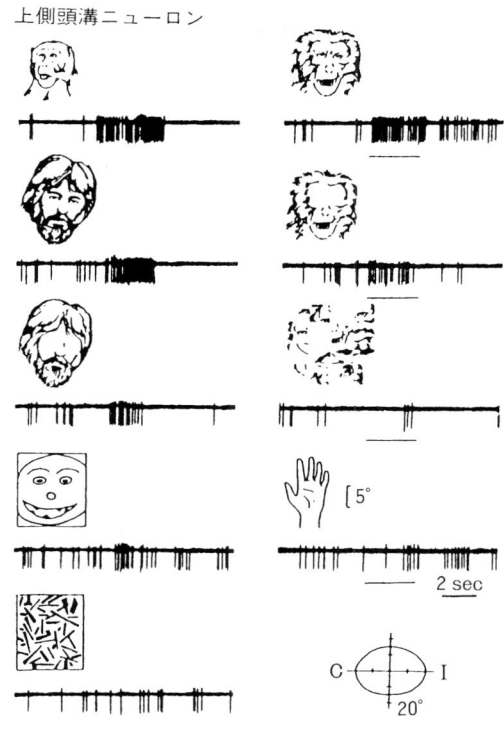

図1－7　顔認識細胞の図

わかるように，この細胞は「顔」に対してよく反応する．顔をばらばらにした図形やモザイクの図形に反応があまりないことから，単に複雑な図形に対してよく反応しているわけではないことがわかる．そのことから，この細胞は顔認識細胞と名づけられた．下側頭葉では図形が何を意味しているかという認識が行なわれているようである．

5．色覚のメカニズム

6月に公園に出かければ，花壇の色とりどりの花を楽しむことができるだろう．昼間の日が高い時間であれば，赤色の花がりっぱに咲いているようす

が目につくだろう．時間がたち夕暮れの時刻になって帰ろうとするとき，あらためて花壇に注目してみると，以外なことに今度は青色の花が鮮やかに見える．

この現象は人間の目が，明るい場所では赤い色に感度がよく，暗い場所では青い色に感度がよくなるという仕組みのために生じていて，プルキニエ現象とよばれている．

人間や動物の一部は色を見分ける機能を持ち，それは色覚とよばれている．色覚も他の知覚同様にきわめて日常的な現象であり，自分の色覚については気にとめることはあまりないだろう．色覚について意識させられるのは，健康診断のときに経験する色覚検査のときぐらいだろう．この検査は色とりどりのビーズ玉が埋まったような絵を見せられ，そこに見える数字を答えるものである．色盲の人は色覚が正常な人とは違った数字が見えるように作られていて，色覚異常を検出できるようになっている．

色盲の原因を知るには色覚のメカニズムを知らなければならない．つぎに，色が区別されるメカニズムについて紹介する．

色を区別するための処理は，視細胞から神経細胞までのあいだ，つまり，情報が脳にいく前の段階に行なわれてしまう．視細胞には桿体と錐体の2種類があることはすでに述べたが，錐体はさらに三種類に分けられる．

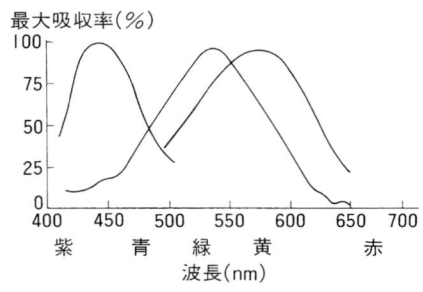

図1−8　3種類の錐体

それらは，赤色の光，緑色の光，青色の光にそれぞれよく反応するものである．この3色の光の強さを変えて組み合わせることによって，すべての色の光を作り出すことができる．このことは光の3原色性とよばれている．

もしこれらの錐体のうち，一種類が欠けていたらどうなるだろうか．赤錐体が欠けていると，赤色はわからなくなる．これを実感したければ，赤いガラスごしに風景を見てみるとよいだろう．緑，青錐体の場合も同様のことが

いえる.

　色盲には複数の種類がある.赤色錐体の欠けている場合を第一色覚異常(赤色盲),緑色の場合を第二色覚異常(緑色盲),青色の場合を第三色覚異常（青色盲）とよんでいる.

　さて，3種類の錐体からの信号は脳に送られる前にお互いの信号が加算されたり，減算されたりする.その過程はおよそ次のようだと考えられている.

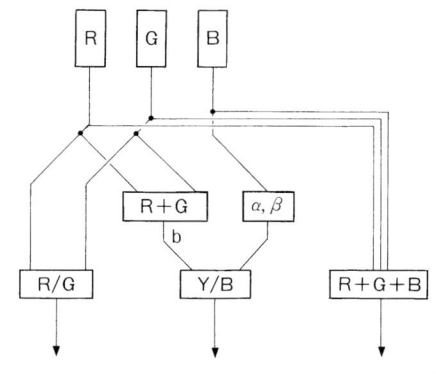

図1-9　色覚の段階説の図

赤と緑の錐体の信号が減算され，いずれか強い方の信号が出力される（「赤-緑」信号）.また,赤と緑の信号は加算されて黄色の信号をつくりだし,この黄色の信号は青の信号と減算され,いずれか強い方の信号が出力される（「(赤＋緑)－青」信号）.

　この信号以外に,赤色,緑色,青色のすべてが加算されて,明るさを表わす信号が生成され,脳へと出力されていく（「赤＋緑＋青」信号）.まとめると,3種の錐体からの信号は,「赤-緑」信号,「(赤＋緑)－青」信号,「赤＋緑＋青」信号に統合され脳に送られると考えられる.色覚のメカニズムに関するこの仮説は,現在基本的には支持されているものであり,2段階説とよばれている.

6．脳の左右差

　身体が左右対称になっているように,脳も左右対称である.左右の脳はまったく同じ働きをするのだろうか.右目で見たものは左の脳へ,左目で見たものは右の脳へと伝えられていく.耳からの情報や手の感触などについても同様のことがいえる.大脳の左右半球の機能を調べるために,このような構造が利用されている.

正常な人間の場合には，左右半球の機能差が顕著に現われない．というのは，左右の脳が脳梁という部分でつながっていて，左右半球間で情報を交換し合うことができ，左右の脳の機能を独立に調べることができないからである．

　かつて，てんかんの病気を治すために脳梁を切断する手術が行なわれたことがあった．その手術を受けた者は**分割脳患者**とよばれる．このような患者は左右半球間の連絡がまったくないので，左右の半球の機能差が分析しやすい．そのため分割脳患者を被験者として，以下にしめすような実験が多数行なわれた．

　実験では特殊な写真が使われる．男性の顔と女性の顔を左右半分づつ張り合わせた，**キメラ図形**とよばれる合成写真を作る．被験者がスクリーン中央の点を注視している状態で，スクリーンにキメラ図形を 30 ミリ秒間ほど映し，どのような顔が見えたか答えさせる．このようにすると，中央の点の右側の部分すなわち女性の顔は右目に，左側すなわち男性の顔は左目で見ることになり，それぞれ左半球と右半球に伝えられることになる．

　左右半球の連絡がある人ならば，このような図を見て混乱するだろうが，分割脳患者はこの図を見てもおかしいとは思わない．分割脳患者に対して見たものを口頭で答えてもらうと，女の顔だと答える．つまり，左半球への情報が利用される．ところが，男と女の写真を見せて指さしという方法で答えさせると男の顔をさすのである．

　この奇妙な反応はどのような仕組みから生じるのだろうか．写真のような図形の理解はもっぱら右脳が担当しているといわれている．指さしの場合は図形同士の比較を要求されたので右脳が働き，右脳に伝えられていた男の顔を指さすのである．口頭で報告するさいには，図形を言葉に置き換える言語的な処理が必要になる．言語的処理は左半球で行っている．そのため，言語的な処理を要求されると左半球に伝えられている情報しか参照できず，女の顔と答えてしまうのである．

7．開眼者の知覚

「生まれつきの盲人が，大きさが同じくらいの玉と立方体を触覚で区別できるようになったとする．目が見えるようになったときに，この玉と立方体を視覚的に区別できるだろうか」

　立体感や奥行きの知覚は，正常な視覚を持った者にとってはあたりまえのことであり，高度なメカニズムが働いているとは実感しにくいだろう．ここでは，ものを見る経験がまったくなかった人にとって，景色がどのように見えるのか紹介する．

　眼球や角膜の病気で失明すると，白色のついたてで目の前を遮られたときのように，明暗の区別はつくが，物の形がわからない状態になる．このような失明の場合，眼球の濁りを取ったり，角膜の移植手術をすれば正常な視力を回復する．このようにして失明状態から回復した人のことを**開眼者**とよぶ．

　生後すぐに失明して開眼した場合，見えるようになっても奥行き感，立体感の知覚に大きな障害が残ることが知られている．たとえば，18世紀の報告では，生後早期に白内症で失明した男子が13歳で開眼したが，その男子の話では，見えているものはすべて目にくっついているように思えたということである．これは，立体感，奥行き感，距離感が欠如していることを意味している．

　この立体感の欠如は開眼者に一般的な傾向であり，別の研究でも「この開眼者にはあらゆる対象がすぐ近くにあるように見え，そのため彼はそれらに接触してしまうのではないかと恐れたほどである」とか，「屋外の世界については，立体感と遠近感がなかなか得られず，隣の家のかども平坦にしか見えなかった」と報告されている．

　このような遠近感の欠如は開眼直後だけでなく，長く続く場合もある．たとえば，ある研究では，1歳2カ月で失明し，11歳で開眼した人が，その後10年たってからも，9階から下を見てすぐに降りて行けそうだと答えたり，木まで何歩かと聞くと，実際は12m離れているにも関わらず，4，5歩で行けると答えているという．

また，別の研究では，3歳から27歳まで失明していて開眼した人による形の弁別訓練の結果が紹介されている．訓練方法は，テーブルの上に白いカードが置かれているか否かを答えさせ，直後に正解を教えるという方法である．この条件であれば，正答できるが，白と灰色，黒と灰色のカードの弁別や赤と緑のカードの弁別といった微妙な明暗や色の弁別は，訓練を400回以上繰り返してもついにできなかった．形については，白のスプーンと金属のはさみの弁別はできたが，円と正方形の弁別はできなかった．

　この結果をまとめると，開眼者は著しい明るさの違いは識別できるが，微妙な明暗や色や形の弁別はうまくいかないといえるだろう．色や形の弁別ができる場合もあるが，それは明るさの違いを手がかりとして弁別していると考えられる．

　開眼者が形を区別できないことは，形が全体として何を意味しているのかわからないことかもしれない．あるいは，物と背景の境界線が認識できないのかもしれない．境界線がわからなければ，重なりも認識できず，奥行き感も生じないと推測できる．

　対象が目に写し出され，その情報が脳に正しく伝えられるところまでは正常者と開眼者で違いはない．問題は，脳における対象の認識である．残念ながら現在の研究では，開眼者と正常者で認識のメカニズムにどのような違いがあるのか，はっきりとはわかっていない．

8．アフリカの原住民の絵画知覚

　小さな子どもたちの絵を見ると，遠近感が不正確で，遠くのものも近くのものもすべて平面的に描かれていることがある．このような傾向は，大人になるにつれて失われ，正しい遠近感をしめす絵を描くようになっていくものである．

　われわれが風景を見て絵を描く場合，見たものを印象として記憶し，それをできるだけ忠実に描くわけである．彫刻のように立体的に再現するのとは違い，立体を平面上に再現しなければならないという大きな問題がある．3次元を2次元に映す場合，さまざまな描き方が考えられる．どのように描く

かという問題は，人間がどのように印象を形成するかという問題でもある．

　アフリカの原住民の中には，絵を描くときに，われわれとは違う遠近感の描き方をする人がいる．そのような人たちの絵画知覚に関する研究をつぎに紹介する．

　ハドソンは南アフリカの鉱山や工場で労働者の安全管理をしていた．事故を減らそうとして，安全作業を呼びかけるポスターを制作したが，期待したような効果があがらなかった．労働者に聞いてその理由を調べるうちに，現地の労働者の絵の理解の仕方は欧米人とは違うことが明らかになった．

　ポスターの1枚には，労働者が肩に長い資材をかついでいて，その端が別の労働者にぶつかっている様子が描かれていて，長い資材を運ぶときは，周囲に気を配ることをよびかけている．その中で星印が資材がぶつかっている衝突の記号として使われているが，この記号が現地の人にはまったく意味不明だった．

　ハドソンはこの経験から，現地の人が絵をどのように見て理解しているか分析する実験を企画した．その実験は，図1－10のような槍を持つ人とシカとゾウの描かれた絵を見せ，遠近感をどの

図1－10　ハドソンが用いた実験の図

ように理解するかを分析するものだった．被験者は，シカとゾウのどちらが近くにいるか，槍はどちらの動物を狙っているかと質問された．われわれであれば，「ゾウの方がシカよりも遠くにいて，槍はシカを狙っている」と答えるだろう．ところが現地の人で教育水準の低い大人の90％が，「ゾウがシカよりも近く，槍はゾウを狙っている」と答えたのだった．つまり，現地の人たちは，この絵に遠近感を持たないのである．

　興味深いのは，現地の人がすべてこのような傾向をしめすわけではないことだ．教育程度の高い者，とくに小学校に通って，西欧流の教育を受けている子どもの場合には西欧人と同様の答えをする．このことから，絵の中から

遠近感を感じとる能力は，訓練によって身につけた習慣であることがわかるだろう．

ハドソンの研究は，文化の違いが知覚判断に与える影響について考えさせるきっかけとなり，それ以後，この種の研究がさかんに続けられている．

9．パタン認識

バラの花にはいろいろな種類があり，色，形ともにさまざまである．それにもかかわらず人間は，どれを見てもバラであるとわかるだろう．このように，形態の異なるものでも同一種のものと認識することをパタン認識（パタン認知）pattern recognition という．たとえば形は違ってもどれもボールペンであるという認識や，声が若干違うがある種類の鳥だとわかることなどもパタン認識である．日常生活の中にはパタン認識の場面は無数にある．最も日常的な場面は文字の認識だろう．人間の書いた文字は無数ともいえる癖があるが，たいていのものは読むことができるだろう．ところが，機械に読みとらせようとすると，とたんに困難に直面することになるのである．人間はきわめて優れたパタン認識の能力を発揮している．では人間のパタン認識の仕組みはどのようになっているのだろうか．

文字に関するパタン認識のメカニズムについて考えてみる．ひとつの考え方は，人間がひらがなの「る」という文字の標準的な形の記憶（型板）を持っていて，その型板と文字を重ね合わせてみて，よく似た形を「る」とみなす，という方法である．これは型板照合モデル templete matching model とよばれている．文字の大きさの違いや文字の傾きに違いがある場合には，型板を回転させたり拡大，縮小させた後に照合するとされる．

しかし，人間は全体的な重なりの良さだけでパタン認識をしているわけではない．図 1－11 のような例を考えてみる．上に書かれたアルファベットは，少々変形しているが R と認識できるだろう．しかし，下の A と R の型板のどちらとより重なりやすいかを考えると，むしろ A のほうに重なりやすいとわかる．人間がこの文字を R と認識するには，型板との全体的な重なりやすさではなく，文字の形の特徴をよく表わすような部分を見つけ出し，その

図1-11 型板モデル

部分にとくに注目してパタン認識を行なう必要がある．

このような特徴分析を考慮したモデルをつぎに紹介する．形に含まれるさまざまな特徴を分析することは，**特徴抽出**ともよばれる．そのため，この考え方は特徴抽出モデルという．セルフリッジの**特徴抽出モデル** feature detection model を見てみよう．かれのモデルはもともとはコンピュータ・シミュレーションモデルであるが，わかりやすくするために図解して説明する（図1-12）．

このモデルではパタン認識は4段階の処理プロセスを経て達成されると仮定していて，処理プロセスを，それぞれ異なった種類のこびと（デーモン）に例えている．このモデルによれば，Rという形のパタン認識は次のように行なわれる．第一段階ではイメージ・デーモンが形を一時的に記憶する．第二段階が特徴抽出の段階であり，特定の特徴が含まれているかどうか特徴デーモンが分析を行なう．調べられる特徴は，たとえば水平線や特定の角度の線分などである．図では，自分の担当する特徴がある場合にはデーモンは声をあげていて，特徴との一致度が高いほど大きな声を出している．第三段階では認知デーモンが特徴デーモンの反応を監視していて，特徴デーモンの反応が認知デーモンが持っているパタンの特徴によく適合している場合にはつよくアピールする．この図ではP, D, Rの認知デーモンが比較的つよくアピールしている．最後の段階が決定デーモンである．決定デーモンは認知デーモンのアピールを分析して，どのアピールがもっともつよいかにもとづいてパタンの最終的な決定を行なう．

特徴抽出モデルの利点は，ひとつにはパタンが少々変形していても正しい認識が行なえることである．もうひとつの利点は処理段階の一部に誤りがあっても最終的には正しい認識が行なわれやすいことである．特徴デーモンや認識デーモンは複数存在し，他のデーモンの分析に影響されずに平行して仕事を行なっている．一般的にこのような処理方法を**並列処理** parallel proces-

24　1　知覚と認識 ― 環境情報の取得 ―

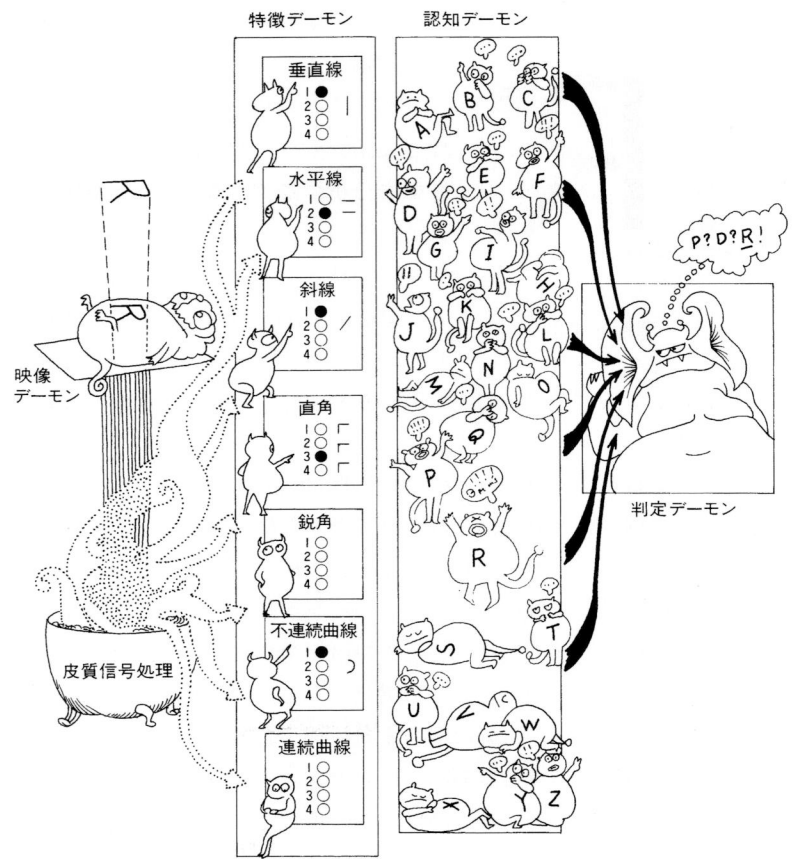

図1-12　セルフリッジの特徴抽出モデル

sing とよんでいる．並列処理の利点は，誤りが修正されやすくなり，処理時間が短縮されることである．

特徴抽出モデルの問題点

　この特徴抽出モデルにも問題点がある．このモデルでは認知デーモンが特定の特徴デーモンからの声を重要視する（重みづける）ことが可能であり，それによって特定の特徴を重要視したパタン認知が可能とされている．適切なパタン認識を行なうには適切に特定の特徴を重みづける必要があるが，で

はどのようにしてその特徴が選ばれるのだろう．まだパタン認識がすんでいない文字，すなわちどのような文字かわからない文字に対してどのようにしたら適切な重みづけができるのだろうか．これは重大な問題である．これに対する答えとして考えられている仮説は，人間は文字の種類についてつねに予想しながらパタン認識を行なっていて，その予想が重みづけに反映されるとするものである．

　最後に紹介するパタン認識のモデルは神経回路網モデルneural network modelとよばれるものである．人間の大脳の神経細胞（ニューロン）は神経繊維を介して相互に結合していて，電気的信号によって情報を伝達しあっている．特徴的なのは，ひとつのニューロンは他の複数のニューロンからの電気信号を受けとり，信号の値の総和が一定の基準以上だと出力信号を発するという単純な動作をしていることである．このモデルではコンピュータ上で小規模なニューロン結合のネットワークをつくり，図形刺激の入力に対して適切なパタンの出力を生成する学習をさせることが目的である．このモデルはパタン認識のモデルに学習機能を持ち込んだという点で優れている．

10. 選択的注意とは

　大学食堂のように，大勢の人が話をしているところで，友人と話に夢中になっていると，周囲の人の話は気にならない．このように，人間は自分の注目したい情報だけに焦点を合わせ，その他の情報を無視することができる．この機能を選択的注意 selective attention（あるいは，たんに注意）とよんでいる．

　目や耳には多様な情報がつねにはいってきている．もしも耳にはいる音がすべて意識されるならば，逃げだしたくなるほど騒々しく感じるだろう．耳にどれほどの音がはいってきているか体験したければ，マイクでそのときの音を録音，再生してみるとよい．いかに多くの雑音が耳にはいっているか実感できるだろう．

　視覚，聴覚刺激は脳まではすべて伝えられるが，脳で選択的注意の機能が働いて，特定の情報だけが処理されて理解，記憶される．自分の注目したい

情報には焦点を合わせ，その他の情報を無視できるという能力は大変便利なものだが，そのかわり，無視した情報の中に重要な情報があったとしたら，それを見のがしてしまうという不都合が生じてしまう．この点に関しても，人間には巧妙なメカニズムがそなわっていて，そのような問題を解決している．

　食堂で友人と話しているときに，周囲の人の会話に自分の名前がでてきたら，「なんだろう，自分の話題だ」と気づくだろう．この現象は日常的な出来事であるが，とても興味深い．というのは，もし自分の名前が出てこなければ，周囲の会話の内容など気がつきもしないし，思い出しもしない．つまり，周囲の話はまったく理解していないように思われる．しかし，そう仮定すると，自分の名前が出ても，それに気がつかないはずである．この一見矛盾するような現象は，**カクテルパーティー効果**と名づけられていて，選択的注意のメカニズムを分析するよい題材となっている．

　心理学ではこのような現象を厳密に分析するために，**両耳分離聴実験**とよばれる方法が考案された．この方法では，被験者は両耳にステレオ・テープレコーダーに接続したヘッドホンを装着して，左右の耳に別々のメッセージを聞かされる．そのさい，一方の耳へのメッセージだけに注意を向けさせるために，そちらから聞こえてくるメッセージを声に出して反復するように指示する．この作業は**追唱 shadowing** とよばれる．だれでも多少の練習によって追唱ができるようになる．この追唱しているメッセージは友人の話に相当し，もう一方のメッセージは周囲の話声に相当する．明らかにしたいのは，もう一方のメッセージがどの程度理解されるかということである．

　チェリーの実験によると，被験者はメッセージが人間の声かどうか，男の声か女の声かということはわかるが，その内容はまったく思い出せない．それどころか，途中からメッセージを英語からフランス語に変えても被験者は気づかなかった．

　一連の両耳分離聴実験の結果をもとに，選択的注意に関するモデルがいくつか提案された．初期のものは1958年のブロードベントの**フィルター・モデル filter model** である．このモデルによれば，脳に伝えられた情報は，一種の関門によって一部が捨てられる．この関門を通過した情報だけが処理，理

解される仕組みになっているとされた．そして，この関門の仕組みはフィルター機能とよばれた．

しかし，その後研究が進むと，注意していない情報がすべて遮断されているわけではないことが明らかになり，フィルターモデルは分が悪くなった．たとえば，ノイズのなかに呈示される子音を検出する課題では，注意を向けていても向けていなくても，同じくらいうまくその課題をこなせることがしめされた．また，意味のある内容が右耳から左耳へと移動する実験では，被験者は右耳のメッセージに注意を集中して追唱しているにも関わらず，そのメッセージから左のメッセージへと注意を切り換

イヌ　6　ノミ……

……8　掻く　2

イヌがノミを掻く…

図1-13　注意の切り替え

えてしまうことがわかった（図1-13）．このことから，注意を向けていないメッセージでも，ある程度は理解されていることがわかる．このような実験事実のため，いまではフィルター・モデルを信じている研究者はほとんどいない．

このモデルに代わって提案されたのは限界容量モデル resource model（リソースモデル）である．人間が注意を集中してメッセージを理解するには，ある程度の労力を必要とする．その労力の源を心的資源（リソース）とよぶ．人間にとって一度に使える心的資源の量には限界があり，複数の課題をこなさなければならない場合には，人間はその労力を分配すると仮定している．一方の課題が簡単であれば，消費される心的資源がわずかであるから，もう一方の課題に心的資源を多く投入することができることになる．

このモデルならば，これまでの実験結果がすべてうまく説明できる．たとえば，追唱しながらも子音を検出できたのは，心的資源が追唱作業に使われ

たが，それで心的資源は枯渇せず，子音の検出程度は残っていたためであると解釈できる．

　誰にとってもどんな課題でも，必要とされる心的資源が同じというわけではない．自動車の運転を例にとれば，初心者であれば運転にほとんどの心的資源を消費してしまうだろうが，熟練すれば運転にはわずかな心的資源しか必要としなくなるだろう．

　熟練したり．もともと簡単だったりして，課題を行なうのにほとんど労力を必要としない場合は，課題が無意識で，あるいは自動的に行なわれていると表現する．珠算の名人が2桁程度の暗算をする場合や，タイピストがキーボードを打つ場合などである．自動的になることは，何も考えないことを意味するのではなく，考えていてもそれが短時間だったり，意識する必要がなくなるということである．課題遂行の**自動性**は必要な心的資源の量と密接な関係がある．

　カクテルパーティー効果が生じる仕組みはかなりはっきりとしてきただろう．人間は気にとめていないようでも，周囲の話を多少は理解しているのである．ただ，とくに意識しないために，すぐに忘れてしまっていたのである．この現象は，人間が注意を向けていないメッセージも同時並列的に処理していることをしめしていると考えられる．

　ここでひとつ問題が残っている．なぜ自分の名前に限って注意が切り換えられたのだろう．切り換えをするには自分の名前だということを理解しなければならない．それを理解するには自分の名前という知識を思い出す必要がある．したがって，選択的注意の過程は，たえず自分の知識を参照しながら進む複雑で巧妙な過程だと結論できる．

　聖徳太子は同時に10人の話を聞いたという逸話がある．普通の人ならふたりの話を同時に聞くことも不可能だと思うだろう．しかし人間なら誰でも，複数のメッセージをある程度は理解している．しかもそのさい自分にとって重要な情報かどうかを常に判定しながら，重要だと思ったらすかさず注意をそちらに切り換えるという芸当を日常的に行なっている．
（答えは地中海）

さらに学びたい人へ
図を見て知覚を理解する
J.P.フリスビー：シーイング　脳と心のメカニズム．誠信書房，1982．
今井省吾：錯視図形．サイエンス社，1984．
知覚の入門書
鳥居修晃：視覚の心理学．サイエンス社，1982．
市川伸一・伊東裕司：認知心理学を知る＜第二版＞．ブレーン出版，1990．
大島 尚：認知科学．新曜社，1986．
K.T.スペアー・S.W.レムクール：視覚の情報処理．サイエンス社，1986．
R.M.リンゼイ・D.A.ノーマン：情報処理心理学入門　Ⅰ，Ⅱ，Ⅲ．サイエンス社，1989．
大脳半球の機能差について
B.F.セルゲーエフ：右脳と左脳のはなし．東京図書，1984．
知覚の異常
本田仁視：視覚の謎　症例が明かす〈見るしくみ〉．福村出版，1998．
知覚の専門書
乾　敏郎：認知心理学1　知覚と運動．東京大学出版会，1995．

2

記憶－情報の貯蔵－

1. 記憶の研究について

　記憶の研究は古くて新しい話題である．1880年代にエビングハウスによって，記憶についての実験的研究がはじめて行われている．現在では，記憶研究は心理学だけではなく，人工翻訳や自動読み取り装置などを扱う知識工学の研究分野からも注目されている．また，大脳生理学の分野でも記憶に関する研究が最近急速に進んでいる．

　記憶の仕組みについて紹介する前に，記憶研究に関係する基本的用語を説明する．記憶の基本的過程は3段階に分けられる．あることを覚える記銘の段階，記銘したことを憶え続けている保持の段階，保持していることを思い出す再生の段階である．憶える対象は単語であったり，写真や絵であったりする．視覚的にしめされることも聴覚的にしめされることもあり，それらの対象を一般的に刺激とよぶ．

記憶の検出方法

　われわれが保持していることのなかで，再生できることはほんの一部分である．保持していることをすべて探り出す完璧な方法はないので，実用的と思われるいくつかの方法が利用されている．

　そのひとつは再生法 reproduction method であり，憶えた刺激をヒント無しでそのまま思い出させる方法である．もうひとつは再認法 recognition method であり，記銘させた刺激とそうでない刺激をしめし，記銘した刺激を選び出させる方法である．この方法では，でたらめに選択してもある程度は正解することができる．2つの選択肢の一方が正解である場合にはその確率は50％であり，この偶然に正解する確率をチャンスレベルとよぶ．正答率が

チャンスレベルよりも高ければ，刺激がある程度は保持されていると見なすことができる．

3つめの方法は節約法 saving method とよばれる．文の記憶を例にとると，この方法では，完全に言えるようになるまで繰り返し見直しをする回数によって，保持の程度を測定する．見直しの回数が少なければ良く憶えていると推測でき，見直しの回数が多ければ憶えが悪いと見なせる．

情報処理マシンとしての人間

人間の記憶の仕組みについて，現在の代表的な考え方は情報処理アプローチとよばれる．これは，人間の脳の仕組みをコンピュータの仕組みになぞらえてみる考え方である．コンピュータは情報を外から受けとり，処理を加え，保存する．情報は一時的な記憶場所におかれて処理を受ける．この記憶場所では，一度にはわずかな情報しか扱えないので，多量の情報を保持しておくための記憶場所が別に設けられている．

人間もコンピュータと同様に情報を受け入れ，処理し，保存している．情報処理アプローチでは，このコンピュータの仕組みになぞらえて，人間の記憶の仕組みも，一時的にわずかな情報を記憶する場所と長期的に多量の情報を記憶する場所で構成されていて，それらの記憶の間を情報が往き来しているとする見方を提案している．以下で紹介していく記憶の仕組みも，この枠組みの中で考え出されてきたものである．

2．感覚記憶

ものを見ているときは，その対象はほんの一瞬だけであるが写真的なイメージとして記憶されている．目の前に指を立てて，それをすばやく90度回転させてみよう．指を回転させた後も，ほんの一瞬だけ指が立っているイメージが残っているだろう．このような記憶は感覚記憶 sensory information store とよばれている．では，このような1秒ももたないような記憶の存在は，どのようにして確かめることができるのだろう．

もちろん通常の記憶の検査法では確かめることはできない．最大の問題は，

その経験を正確に報告したくても，報告している最中にイメージがどんどん薄れてしまうことである．このような問題を解決するため，スパーリングは**部分報告法**とよばれる画期的な実験方法を考案した．その方法は，3行4列，12個の文字列を 50 msec という短時間だけ呈示して，一部の文字だけを答えてもらうというのが基本的手順である．

たとえすべての文字の印象が形成されていたとしても，すべて答えさせる方法だと，その間に印象が薄れていくため十分に答えられない．この**全体報告法**で実験すると，わずか4から5文字（30～40％）しか再生されない．

印象が薄れる前に答えてもらうには，再生すべき文字数を減らせばよい．そこで，12個の文字を提示した直後に，高，中，低音のいずれかの音を示し，高音ならば1行目だけ，中音ならば2行目だけ，低音ならば3行目だけを答えるように指示した．この方法ならば，印象の形成については全体報告法の場合とまったく同じままで，再生すべき文字数を減らすことができる．その結果，4文字のうち約3文字（75％）が答えられたのである．

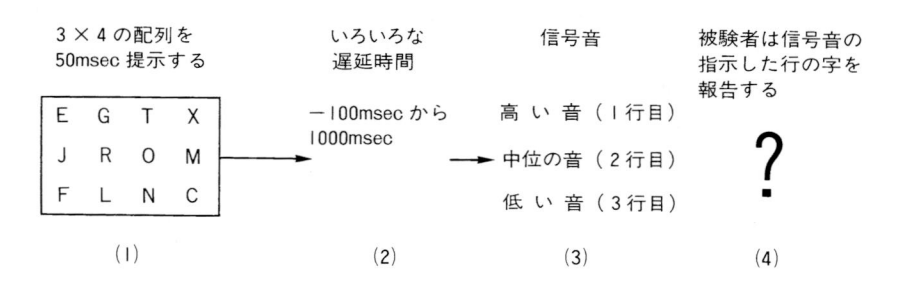

図2－1　スパーリングの部分報告法

これが部分報告法である．

見えた文字をすべて報告させようとすると4～5文字しか答えられないが，これは見えていないからではなく，見えてはいるがそのイメージがきわめて短い時間で失われてしまうためであることが明

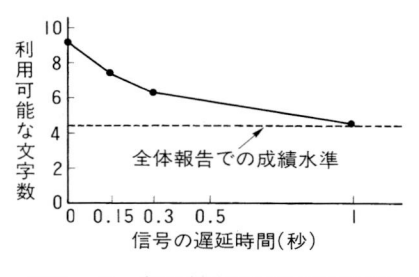

図2－2　部分報告法による再生率

らかになった.

　感覚記憶に関する研究は現在も続いており，聴覚刺激や触覚刺激についても同様の感覚記憶があることが実験的に確かめられている．

3．記憶の二重構造

　つぎのような数字を声に出して言ってみよう．「３５１９２４０」．数字を見ないですぐにもう一度繰り返し言ってみよう．おそらく，苦労せずに繰り返すことができただろう．そのさいに頭のなかで反響している音を聞きながらこの課題を行なったのではないだろうか．

　つぎの質問に答えてみよう．「昨日大学で最初に出会ったのは誰だっただろうか」この記憶を思いだすのは少し努力を必要とする．数字のときのように記憶は鮮明ではないだろう．

　直前に経験したことを思い出す場合と，数分前，数時間前，数日前のことを思い出す場合では，再生に必要な努力が違う．前の日のことは，努力が必要なだけでなく，思い出されたことは省略されていたり，多少変容されている．このような日常的体験にもとづいて，記憶は質的に異なったふたつの仕組みから構成されていると考えられてきた．それらは直前の記憶とそれより以前の記憶である．

　直前の経験の記憶は**短期記憶** short term memory：STM，少し前の記憶は**長期記憶** long term memory：LTM とよばれる．感覚記憶で一瞬だけイメージ記憶がつくられたあとで，パタン認識や選択的注意の過程をへて，情報は短期記憶に到達する．感覚記憶は受動的に働くので，目をつぶったり耳をふさいだりしない限り，すべての情報は短期記憶にはいってくる．ここではじめて情報が選択されたり，まとめられたり，意味づけされたりする．

記憶の仕組み

　次の図は現在提案されている記憶の仕組みのなかで，情報がどのように処理されていくかを模式的に表わしたものである．この処理の手順については研究者の間では異論があり，必ずしも完全に認められているわけではないが，

それでも記憶の仕組みについて,とりあえずは満足できる説明になっている.

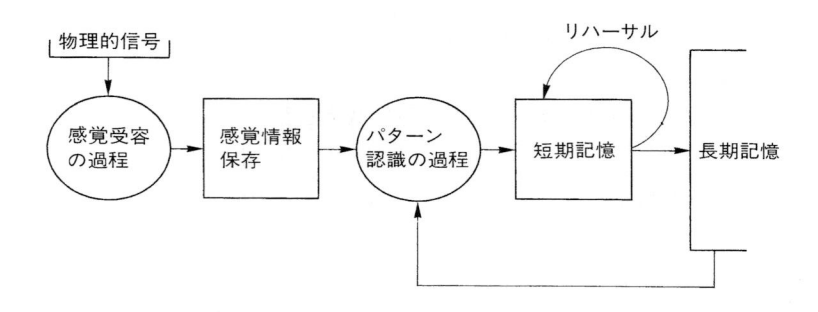

図2-3　記憶の情報処理モデル

リハーサル

　感覚記憶は自分でコントロールすることはできないが,短期記憶にはいってきた情報に対しては自分で注意を向けることができる.その方法は情報を頭のなかで繰り返し唱えることであり,リハーサルとよばれる.リハーサルはそのやり方に応じて2種類の作用を記憶にもたらす.単純な繰り返しであれば,情報を短期記憶に維持しておくだけである.その場合は,リハーサルをやめると,とたんに記憶は失われる.これは維持リハーサルとよばれる.

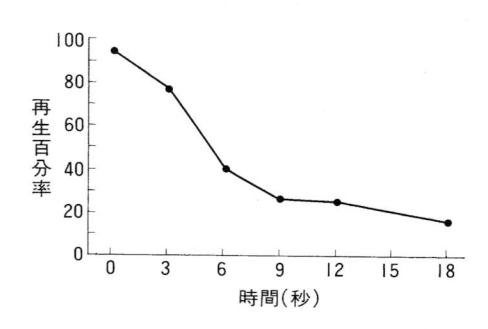

図2-4　リハーサル妨害時の短期記憶

あれこれと関連することを思い浮かべながらリハーサルを行なうと,情報を短期記憶から長期記憶に移すことができる.これは精緻化リハーサルとよばれる.

　もしもリハーサルをまったく行なわなければ,せいぜい20秒間程度しか情報は維持できないことが実験で確かめられている.その実験でピーターソンたちは,

被験者に3文字の子音からなる無意味つづり（たとえば，ＫＧＦ）を2秒間しめし，その後さまざまな保持期間の後に再生させた．保持期間中にリハーサルを行なわせないために，311から3ずつ引き算をするという妨害課題を行なわせた．すると保持時間がわずか10秒間であっても30％程度しか思い出せなくなり，20秒間では20％以下に低下した．

　記憶の仕組みが短期記憶と長期記憶の2重構造をしているという仮説を支持する現象がある．ここで紹介するのは，ひとつは特殊な記憶障害の例であり，もうひとつは系列位置記憶とよばれる現象である．

記憶障害者 H.M.

　H.M.というイニシャルで知られる患者は，脳の病気を治療するために脳の一部（側頭葉）にメスが入れられた．現在ではこのような乱暴な治療法が用いられることはないが，当時はこれでも最新の治療法であった．この手術をしても性格や知的能力や過去の記憶は何も変化しなかった．ところが，驚いたことに，新しいことを憶えることができなくなってしまった．見たり聞いたりしたすぐ後であれば，そのことを思い出せるのだが，数十秒もたつと，きれいさっぱり忘れてしまうのである．だから，たとえば新聞を読んでいても，一面から読みはじめ，最後の面まで読み終わったときには一面の内容をすっかり忘れてしまい，また最初から新鮮な気持ちで読むことができたのだった．このような症例から，人間には過去の記憶をたくわえておく長期記憶と新しい情報を一時的に保持しておく短期記憶があることが示唆される．

系列位置記憶

　次のような無意味な単語のリストを2秒間隔で次々と聞かされて，記憶するとしよう．

　「レヘ，トホ，ラニ，ヌス，ユコ，テム，レシ，チオ，クフ，セス」

　すべてをしめし終わった直後に，順番は気にせずに思い出してもらう．すると，単語系列の最初と最後の部分が思い出しやすいという傾向が現れる．それぞれ，初頭効果，親近性効果とよばれている．

　この現象は次のように説明することができる．最初に聞かされた単語は何

度もリハーサルできるため長期記憶化しやすい．4つめ，5つめ以降になると十分にリハーサルする余裕がなくなり，長期記憶化できない．最後に聞かされた単語も同様だが，思い出すまでの時間が短いため短期記憶として保持されており，思い出しやすいわけである．つまり，最初の部分は長期記憶から再生され，最後の部分は短期記憶から再生されているわけである．

　実験の条件を一部変更してこのことを確認することができる．たとえば，単語の提示間隔を短くすると，単語が長期記憶化されず，初頭効果が失われると予想できる．一方，短期記憶に支配されている親近性効果は影響を受けないだろう．実験の結果は，図2－5にしめしたように，親近性効果は失われないが，初頭効果はなくなった．

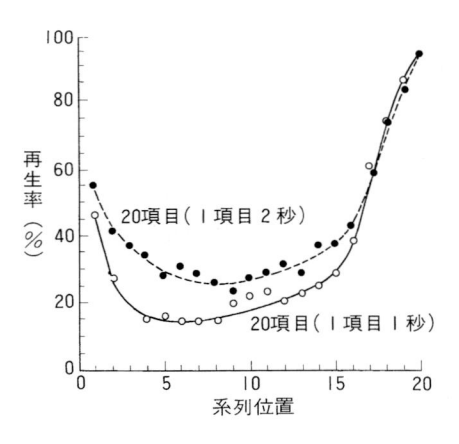

図2－5　系列位置効果

　また別の実験では，単語をすべてしめした直後から30秒間リハーサルの妨害課題を行なわせた．この操作によって，短期記憶に保持されていた最後の単語が失われてしまうことが予想できる．実験の結果は，初頭効果は損なわれなかったが，親近性効果が失われた．このように，簡単な実験で記憶の2重構造を検討することができる．

4．短期記憶の処理

　次の文を読んで憶えてみよう．「あかるいそらがみえる」これは簡単に憶えられるだろう．この文には10個のひらがなが含まれているが，いくつの意味的まとまりに分けることができるだろうか．10か3か，それとも1つだろうか．おそらくひとつのまとまった内容か，3つの単語と答えるだろう．

　次の文の記憶はどうか．「るえみがらそいるかあ」上の文を逆さから書いたものである．おそらくこちらの方が憶えにくいだろう．意味的まとまりの数を聞かれれば，1つや3つではなく，10個のひらがなと答えるだろう．

　記憶の良さは，情報をどれくらい良く理解できて，情報をどれくらい良くまとめられるかにかかっている．憶えるべき項目が，10個のままよりは，3つ，1つとまとめた方がより良く記憶できる．

　では，短期記憶で一度に保持できる情報量はどれくらいなのだろうか．ミラーは単語や文字を刺激とした記憶実験を行い，一度に記憶可能な量を測定した．その結果，記憶量を決定しているのは意味的なまとまりの項目数であり，それは7±2項目の範囲にあることを明らかにした．そして，意味的なまとまりをチャンクとよんだ．意味的なまとまりの数は機械的に決まるものではない．情報に意味を見いだすのはわれわれ人間であり，意味を見いだすためには情報を理解しなければならない．

　たとえば，「949－4634」という電話番号を憶える場合，このまま憶えるよりは，「くよくよむさし」のようなごろ合わせをして意味づけをした方が容易に憶えられるだろう．情報のなかに意味を見つけ出すことは符号化 coding とよばれている．このような作業には，知識が必要不可欠である．この電話番号の例ならば「くよくよ」という言葉を知らなければならない．上述の文の例で言えば，「明るい」「空」「見える」という単語の知識が必要である．このように，短期記憶は知識の助けをかりながら働いていると考えられる．

　短期記憶と知識が密接に関係しているならば，どのようにして知識と短期記憶を区別して，短期記憶固有の機能を調べればよいだろう．意味づけを行ないにくい刺激を使うのがひとつの方法である．そのため，無意味つづりや

ランダムな数字系列が記憶研究に用いられるのである．ただし，無意味つづりであっても人間は意味をこじつける可能性がある．それを防ぐために，たとえば次々と間をおかずに無意味つづりをしめしていく方法が利用されている．

忘却

短期記憶から情報が失われていく原因として，自然に薄れてゆくという説と，他の情報と混乱してしまうとする説がある．前者を減衰説 decay theory，後者を干渉説 interference theory とよぶ．

記憶で干渉作用が生じていることは多くの研究から明らかである．干渉について分析することによって，記憶されている情報の形態を解明することができる．"P"というアルファベット文字を記憶したとする．この記憶形態はPという形である可能性と，"ピー"という音である可能性がある．どちらであるかを決定するために，干渉作用が利用できる．

実験手順は，最初に文字"P"を瞬間的にしめし，つぎに第二の文字をしめし最初の文字と同じか違うか判断させる．2つの文字が似ていれば干渉が生じ，判断するのに時間がかかるだろう．第一と第二の文字が視覚的に似ている場合（PとR）に干渉が生じやすいだろうか．それとも聴覚的に似ている場合（PとE）に干渉が生じやすいだろうか．

実験すると，第二文字が呈示されるタイミングによって違った結果がでることが明らかになった．0.5秒後にしめされる場合には視覚的に似ているときに反応時間が長くなり，第二文字が2秒後にしめされる場合には，聴覚的に似ている方が反応時間が長くなった．この現象は，文字はまず最初に形で記憶され，つぎに音に変換されて記憶されることを意味している．このように，見たものが形であっても，それが脳で処理されるときには言語的に変換して処理することが可能であるし，またその逆も可能である．

処理の様式の可変性は大脳の左右半球差の研究からもしめされている．たとえば，図2－6のような3つの刺激のなかで異なるものを探す課題を行なわせる．

CUP CUP **CUP**

図2－6　3つのコップ

通常，言語的判断は右視野（左半球，言語処理）にしめしたほうが，左視野（右半球，図形処理）よりもよくできる．ところが，実験をすると，この課題は刺激を右視野にしめしたときよりも，左視野にしめしたときのほうがよくできる．つまり，提示されている刺激は言語的なものであるが，人間は，大きさの違いという図形的処理を行なっている．この実験からも，処理の形態は，刺激の形態に依存しないことがわかるだろう．刺激は言語的なものであるが，この課題では図形の判断を必要とするだろう．

短期記憶に関する研究は現在でもさかんに行なわれており，議論も多い．短期記憶は場所なのか，それとも処理過程なのか．短期記憶はたんに長期記憶が活性化している状態ではないのか．短期記憶内では問題解決のような思考活動も行なわれているのか．これらの問題について現在も研究が続けられている．

5．長期記憶

長期記憶とは知識を保持するシステムのことである．その最大の特徴は，膨大な量の情報を保持していることである．われわれが保持している知識は，「私の身長は170 cmである」といった特殊な知識から「書店の本は勝手に持ち出してはいけない」という常識まで多種多様で膨大である．人間はこの記憶システムから適切に情報を取り出し利用しなければならず，そのためには情報は適切な形式，適切な方法で保存される必要がある．

新しい内容の情報の保存方法の特徴は，孤立して保存されるわけではないことと，そのまま正確に保存されないことである．新しい情報はすでに保存している知識と関連づけられて保存される．そのさいに，情報には多少自分なりのこじつけや偏見が加えられることになる．実は，そのこじつけ，偏見を加えることが「新しいことを理解する」ことなのである．新しい情報が自分の知識ですんなりと関連づけられる場合には，その情報はそれほど歪められずに容易に記憶される．しかし，自分の知識と新しい情報がうまく一致しない場合には，情報は変形されて記憶されたり，うまく記憶できなかったりする．

そのことをよく表わす遊びが伝達ゲームである．何人かの人が次々と情報を伝達しあうと，もとの文章が変形されてしまう遊びである．バートレットはこの方法を利用して，エスキモーに語り伝えられている物語を大学生に伝達させてどのような変化が生じるかを分析した．その物語は意味不明に思えるような内容が含まれているものであった．そのため，大学生にとって理解，記憶することが困難であることが予想された．実験の結果，物語は地名のような固有名詞が省かれたり，単純でわかりやすくよく知られている内容の話に変化する傾向があった．

また，新しい情報が知識と関連づけられて記憶されることをしめす，次のような文章記憶の実験がある．
「○○○は生まれたときから問題児であった．彼女はわがままで，がんこで，乱暴であった．8歳になってもまだ手に負えなかった．彼女の両親は彼女の心の健康をたいへん心配した．彼女の問題を解決するための適当な施設は，彼女の州にはなかった．彼女の両親は，ついにある行動をとることを決心した．○○○のために，家庭教師をやとったのである」

被験者には，この物語を記憶してもらった．ただし，被験者の半分は，○○○にキャロル・ハリスという名前を入れ，架空の人物に関する物語であると言われていた．残りの被験者はヘレン・ケラーの名前を入れ，彼女に関する物語だと言われていた．ヘレン・ケラーの物語だと言われた被験者は，彼女に関する自分の知識と関連づけながら記憶することが予想できる．

記憶させたあとで，「彼女は聾唖で盲目である」という文が含まれていたか否かを再認させた．この文は物語には含まれていなかったので，含まれていたと答えると誤りである．キャロル・ハリスの物語として読んだ被験者は5％しか含まれていたと答えなかったのに対し，ヘレン・ケラーだと言われた被験者は50％がそう答えていた．これらの実験からも，自分の知識がいかに長期記憶に影響を与えるかわかるだろう．

名人の暗記力

専門的知識とはある特定の対象に限定された知識である．おそらくそのような知識は，関連する専門的情報の理解，記憶には抜群の威力を発揮すると

予想できるだろう．では，専門的知識はそれと関連しないことの記憶には無力なのだろうか．

　将棋の名人クラスは，駒が将棋板に並べられているのをほんの数秒見ただけで，あとから完全に再現することができる．これは素人にはとてもまねのできないことである．ところが，駒をでたらめに並べて，現実にはありもしないような駒の配置の将棋板を見せて憶えてもらうと，意外にも将棋の素人と同じ程度しか思い出せないのである．このことから，名人の記憶の良さは丸暗記能力とは関係ないことがわかるだろう．

　名人は現実におこりそうな駒の配置に関して膨大な知識を持っている．数秒見ただけで棋譜を憶えられるのはその知識を利用して駒の配置を理解できるからである．一方，意味のない配置に対してはその知識を利用できず，うまく記憶できないのである．

　記憶がうまくできる場合，できない場合，いずれの場合でもすでに持っている知識との関連づけが鍵となっていることがわかるだろう．関連づけをうまく行なえば理解が深まり，記憶がうまくいくはずである．これを応用したのがつぎに紹介する記憶術とよばれる記憶の増進法である．

物語連鎖法

　たとえば，「コップ，野菜，ペンチ，鍵」という単語を暗記するとしよう．これらの単語から，「台所では，大きなコップ1杯分の野菜が必要だったが，納屋にしまいこんであってペンチで鍵を壊そうとしたがどうしてもうまくいかない」といった物語をつくり出して憶えることができる．この記憶術は物語連鎖法とよばれる．一見つながりのない単語に意味づけをして憶えることによって，よりよく思い出そうという方法である．

絵の記憶にみる意味づけ

　絵のような視覚刺激の記憶にも知識は重要な役割を演じる．図2－7の絵を被験者にしめし，後から再生してもらうとしよう．このまま憶えるのと，適切なタイトルをつけて憶えるのではどちらがよく思い出せるだろうか．左の図には「トランペット吹き」　右の図には「マンホールに逆さに落ちた鳥」

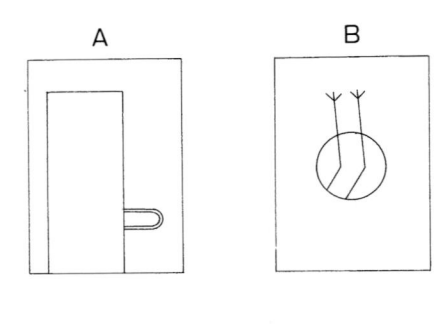

図2-7　奇妙な絵

とタイトルをつけた．実験すると，予想どおりタイトル付きの方がよく思い出せた．

情報を記憶するさいに，すでに持っている知識を利用する過程は一般的にトップ・ダウンのプロセスとか概念駆動型処理とよばれ，逆に情報それ自体が分析され記憶される過程はボトム・アップのプロセスとかデータ駆動型の処理とよばれる．

6. 長期記憶化のプロセス

情報の長期記憶化のさいに生じる情報の変容について詳しく検討してみよう．もとの情報は，記銘，保持，再生のどの段階でも変容される可能性がある．ただし，保持の最中には忘却はありうるが積極的な変容は生じないと考えられるので，記銘時と再生時に焦点をあててみることにする．

長期記憶化は意味づけ，理解のプロセスだと説明した．意味づけのことは，精緻化ともよばれている．これは，もとの情報に他の情報を付け加えて憶えることである．加えられる情報は時と場合によってさまざまであり，付け加えられる内容によって記憶の確実さも違ってくる．

「うま」という言葉の場合を考えてみる．意味づけの方法はいろいろありうる．「ひらがなで書かれている」という物理的な面から意味づけして憶えることができる．「うま」と「うみ」は同じ音で始まるという音響的な情報を付加して憶えることも可能である．「うま」は家畜として飼われているという意味的情報を思い浮かべながら憶えることもできる．どの種類の付加的情報が長期記憶化にもっとも役立つのだろうか．実験によって，物理的，音響的，意味的の順で記憶がよくなることがしめされている．

付加的情報の種類によって情報の長期記憶化が影響を受けるという考え方は処理水準説とよばれている．この説によれば，付加される情報の種類の違

いが情報の処理の深さの違いを生じさせ，それが長期記憶化の程度を決定することになる．

再構成

再生時にも記憶の変容は生じる．つぎの実験はそのことをよくしめしている．

被験者はまず最初に交通事故の映画を見せられた．つぎに，被験者は二つのグループに分けられて，交通事故を起こした車のスピードを推定するように指示された．ただし，一方のグループに対しては「壊れた車のスピードはどれくらいだったか」とたずね，もう一方のグループには「ぺしゃんこになった車のスピードはどれくらいだったか」とたずねた．予想どおり，後者のグループの被験者の方が車のスピードを速く見積った．どちらのグループもまったく同じ条件で映画を見たので，記銘のさいには差は生じていないはずである．したがって，答えの差が生み出されたのは，再生のときということになる．

記憶がそれほど確かでないときでも，人間はなんとか思いだそうとするものである．再生時の状況から生まれる先入観は，記憶の再生を助ける機能をもつが，それが時として誤った再生を生じさせることにもなる．犯罪事件の目撃者の証言は，法廷では有力な証拠として利用されるが，証言が必ずしも事実と一致しないことは犯罪史や心理学実験からも明らかである．

犯人の確認

証言の正確さに関する実験は，学生を証人に見立てて行なわれた．ある日の授業中に作業服姿の人がはいってきて，暖房装置についてちょっと話をして帰った．その2週間後，同じ授業でその作業員を含む5人の作業員が学生の前に出てきた．学生は前にみた作業員は誰かという判定とその確信度の評定を行なった．確信度の高かった学生のうち，6人に1人もの割合で誤った判断をしてしまった．

別の実験では，作業員が教室にきたことがなかったにも関わらず，作業員がはいってきたことがあるという嘘の話を学生にして，5人の作業員のだれ

がその人かを判断させた．71％の学生はどの作業員も見ていないと正しく判断したが，残り29％の学生は実際には見ていない作業員を確信をもって見たと判断した．

　記憶がはっきりしないが，それでも思い出さなければならないとき，再構成の過程によって，関連することが付け加えられて再生されるのである．このことから，人間の再生は不正確なものであるといえる．しかし，見方を変えれば，人間はわずかな記憶からいろいろと関連することを再生できる優れた創造性をもっていると評価することもできる．

7．写真のような記憶

　ここで，ほんの一部の人だけにみられる特殊な記憶能力について紹介しよう．その能力は，直観像とよばれ，見た絵や写真を鮮明に，あたかも頭のなかで写真を撮ったように憶えることができ，それを数分，数時間とかなり長い時間にわたって保持することのできる能力である．

　この種の写真的な記憶はイメージ記憶ともよばれる．だれでもある程度のイメージ記憶能力は持っているが，それがきわめて正確な場合が直観像とよばれるわけである．

図2-8 アリスの図

　図2-8はその能力を確かめるために使われたものである．ヘイバーはこの絵を10歳の子どもに約30秒間ほど見せた後で思い出させた．この子もはたんに女の子やネコがいることだけではなく，ネコのしっぽの縞の数やスカートのひだの数まで答えることができた．思い出すときのようすはあたかも目の前の机の上にまだ絵が置かれていて，それを見ながら答えているようであった．

　このような特殊な記憶能力を持った人がどれくらいいるのか研究が行なわれてきた．この現象はおとなにはきわめてまれであることから，子どもが調査対象となっている．ヘイバーたちの実験では，残像テストと絵の再生テストを行なって，その結

果などから，8％の子どもが直観像をしめすと判定された．ただし，かれらの使ったテスト方法には問題点があった．写真的記憶能力がなくても，非常に記憶力がよい場合にも，かれらの使ったテストに合格することができたのである．先ほどのアリスの絵の場合にも，写真的な特殊な記憶能力がなくても，縞やひだの数を機械的に暗記していても答えることができるだろう．

このような問題点を克服して写真的な記憶を持つ直観像保持者だけを合格させるようなテストが考案された．ひとつは重ねかき法とよばれ，2枚の絵を1枚ずつ見せて，それらを2枚重ね合わせたイメージを思い起こしてもらう方法である．1枚だけでは意味のない図だが，2枚重ね合わせると意味のある絵になるものである．

別の方法はランダムドットパタンを使うものである．図2－9のような2枚のランダムドットパタンのまん中についたてを置き，それぞれ左右の目で見て1枚に融合させると，図の一部分が浮き上がって見える．テストでは，左右の目で片目ずつ見て憶えさせ，記憶だけを頼りにしてどのような図形が浮き上がって見えるか答えさせた．このテストで浮き上がる図形を指摘できれば，直観像を持っていると判断できる．

図2－9　ランダムドットパタン

超記憶能力者

ルリアという研究者の被験者Ｓはきわめて正確なイメージ記憶の能力を持っていた．たとえば，図2－10のような数字の表を3分間程度で記憶し，完全に正確に再生することができた．そればかりか，表の縦一列，斜め一列だけを再生することもでき，しかもそれを上からでも下からでも自由にできた．数カ月後に再び思い出すように突然指示されたときにも完全に思い出すことができた．このようにＳの記憶はきわめて正確であり，記憶したことを少しも忘れないことが特徴であった．

では，Ｓはどのようにして正確に憶え，そして思い出していたのだろうか．

Sはイメージ記憶がすばらしく良かったので，与えられた刺激をイメージ化するという方略を使って記憶していたのである．たとえば，刺激が絵であればそのままイメージに焼き付け，音声であれば視覚イメージに変換してから焼き付け，具体的言葉はそれをしめす物を想像してからイメージに焼き付け，抽象語ならば関連する物を思い浮かべてからイメージに焼き付けた．無意味な単語や数列はごろ合わせをして具体的な物に変換してからイメージに焼き付けていた．この方法は**イメージ記憶法**という名前で記憶術のひとつとして知られている方法である．

6	6	8	0
5	4	3	2
1	6	8	4
7	9	3	5
4	2	3	7
3	8	9	1
1	0	0	2
3	4	5	1
2	7	6	8
1	9	2	6
2	9	6	7
5	5	2	0
×	0	1	×

図2-10　Sが記憶した数字

　Sはまた氷やお湯のイメージを思い浮かべることによって，自分の心拍や皮膚温をコントロールすることができた．これはイメージコントロールという技法による自律神経系のコントロール方法である．Sのイメージ記憶がいかに現実味を帯びたものかよくわかるだろう．

8．記憶の表象

　Sのイメージ記憶の方法からもわかるように，人間は見たり聞いたりしたことをそのままの形態で憶えずに，別の表現形式に変換して憶えることがある．その表現形式のことを**表象** representation とよんでいる．Sの場合は，イメージ表象を形成していたが，Sのようにイメージ記憶がすぐれていないわれわれの場合はどのような表象を形成しているのだろう．

　干渉の問題で指摘したように，視覚的に呈示された物，たとえばMBKという文字列を再生する場合，もしも，見たままの視覚的形式で記憶されているのではあれば，BはむしろRやDと間違えやすくなるはずである．しかし実際にはBはVと間違えやすくなるのである．すくなくとも，刺激を呈示してから数秒以上たつとこのような結果になる．視覚的イメージの表象をイメージ・コードとよぶのに対して，このような表象を**言語コード**とよぶ．そし

て，記憶はこの2種類のコードで保持されているという仮説があり，**二重コード説**と名づけられている．この説は，絵の記憶実験などから支持を得ている．

二重コード説に対して，表象はもっと抽象的であり，情報の意味だけが抽出されているとし，**命題** proposition という形式で表現できるという考えもある．命題とは文を意味が通じる最小単位に分解して，その内容を抽象的に表現し

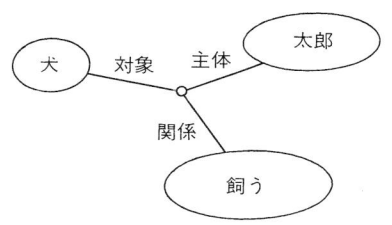

図2-11　命題表現の図

たものである．たとえば，「太郎は犬を飼っている」という文は，図2-11のように表現できる．図でわかるとおり，この文に含まれる内容は，主体，対象，関係の3種類の特性をもつと分類できる．この説は命題コード説とよばれており，文章の記憶実験から支持を得ている．

9．知識の配置

人間は膨大な知識を持っている．いくら多量の知識があっても整理されていなければうまく利用できないだろう．知識がどのように整理されているか検討する方法はないのだろうか．

概念同士は関連しあっていて，関連が深い概念は近くに配置され，関連が薄い概念は遠くに配置されると仮定しよう．実際に概念間の配置を知る方法の一つは，連想のしやすさを測定することである．

コリンズとキリアンは，連想のしやすさを測定して鳥や魚などの動物の概念の配置について分析した．カナリア，鳥，魚，動物といった概念はそれぞれ特性をもっている．カナリアならさえずること，鳥なら羽を持つこと，魚ならえらを持つことなどである．これらの概念の配置は，図2-12にしめしたような階層構造をしていると仮定された．この図から，つながりの距離が近いほど連想しやすく，遠いほど連想しにくいと予想される．この予想を確かめるために，「カナリアは餌を食べますか」といった文の正誤判定を行なわ

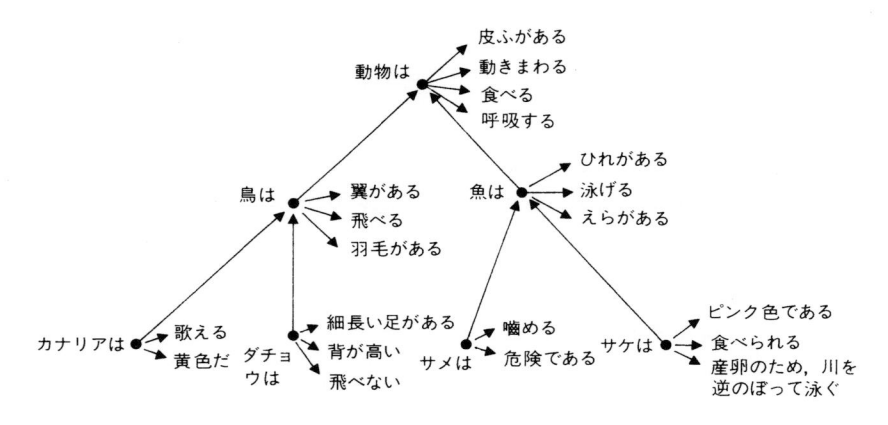

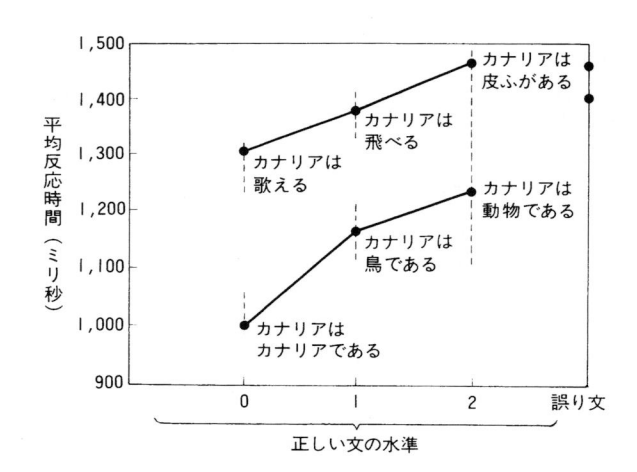

図2-12 意味ネットワークと実験結果

せ，その反応時間を測定した．この文はすべて，一つの概念と別の概念の特性との組み合わせで構成されている．近い距離にある概念同士の組み合わせほど連想しやすく，反応時間が短くなると考えられる．その結果は，図にしめしたとおり想定した配置の距離と反応時間が一致することが明らかになった．コリンズとキリアンの提案した知識配置は，意味ネットワークモデル semantic network model とよばれている．

ヒツジとウマはどれくらい似ていますか

　概念間の配置を分析するもうひとつの方法は，ふたつの概念間の類似性を直接評定してもらうという方法である．ここでは，ヒツジやウマといった哺乳類の概念を例に話を進めていく．かりに動物の概念が平面上に配置されるとすると，関連の近いものほど接近して配置されることになる．その配置がわかると，平面であるから2次元の軸を引くことができ，それらの軸は動物を分類する主観的な基準と見なすことができる．たとえば，ある人は動物を足の長さと毛の長さにもとづいて配置しているかもしれない．

　このような概念の配置は直接には観察不可能なので，統計手法の助けを借りて分析を行ないその配置を推定する．最初に被験者に，「ヒツジとウマはどれくらい似ているか」「ヒツジとイヌはどれくらい似ているか」という質問をして概念間の類似性を5段階で評定してもらう．つぎにその評定値をもとにして，**多次元尺度構成法** multidimentional scaling という統計手法を用いて，概念（哺乳類）を多次元空間に配置する．ここでは，2次元空間（平面）に配置することにする．12種類の動物について類似性を判定してもらい，多次元尺度構成法でふたつの判断基準をもとめた結果を図2-13にしめした．

　この概念の配置から，ふたつの軸の意味を探るのが最後の段階である．この図の例の場合は，横軸は身体の大きさをしめし，縦軸は家畜化の程度をしめしているように見える．この結果から，被験者はこれらふたつの基準で知識を整理していることがうかがえる．このような分析を行なうためには，高度な統計手法が利用できることが必要である．最近はこのような分析も手軽に行なえるようになってきている．

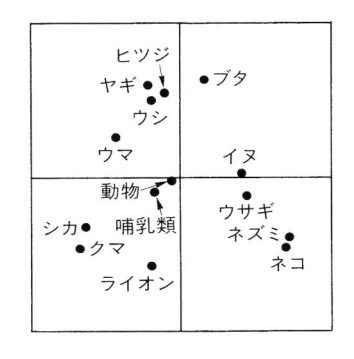

図2-13　動物の配置図

10. 長期記憶の忘却

　長期記憶から情報が失われる原因としては，短期記憶の場合と同様に減衰説と干渉説のふたつの説がある．これは古くから検討されている問題であり，ジェンキンスとダレンバッハの1920年代の研究にさかのぼる．
　その実験では，被験者に10個の無意味綴りを学習させた後で，1，2，4，8時間後のいずれかに再生させた．その間寝ている条件と起きていて日常的作業をしている条件が比較された．8時間後の再生率は，寝ている条件では50％であったが，起きている条件ではわずか10％であった．寝ているときの方が，他の情報による干渉が少ないと考えられるので，この結果は干渉による忘却をしめすと考えられている．

11. 動物の記憶

　動物の記憶能力について良否の判定をくだすのはむずかしい．それは，人間にとって簡単だと思われる記憶課題がうまくこなせない一方で，驚くほどすぐれた記憶能力をしめすこともあるからである．この矛盾する事実を解くかぎとなっているのは，生活環境と密接に関連した記憶課題か，そうでないかの差であろうと思われる．
　条件づけの手法を用いた動物の記憶の研究は，ネズミやハトやサルを使ってさかんに行なわれている．ハトを用いた実験で得られた結果は，ハトの記憶能力が貧弱であると思わせるものである．実験で使われる実験箱の正面パネルには3個の半透明のボタンと餌が出てくる箱がある．ボタンは裏側からさまざまな模様や色を投影することができるようになっており，押すとスイッチがはいる．最初に中央のボタンが数秒だけ，たとえば赤色に点灯され，そのあと数秒程度の保持時間ののちに両側のボタンが青と赤にそれぞれ点灯される．ハトが赤色のボタンをつつけば正解とされ，餌が与えられる．この手続きで確実に正解するには，最初に点灯したボタンの色を数秒間記憶していなければならない．人間にとっては保持時間が何分であっても容易であろ

うが，ハトでは数百回の訓練で20秒程度が限界である．

　自然環境の鳥の行動には，この貧弱な実験の成績からは想像もできないような記憶能力がしめされる例がある．シジュウカラは餌を木や土に隠しておいて，数時間，あるいは数日後にそこからとり出して食べることができる．隠しておいた場所を，それだけの時間は記憶していることができることを意味している．ホシガラスの一種もやはり餌を隠しあとから食べるのだが，この鳥の場合冬に備えて餌を実に30000個以上も隠し，それを数カ月後でも80％も取り出すことができるのである．実験的に分析した研究では，これらの鳥たちは，視覚的に目だつものを目印として餌を隠し，回収していることがわかっている．

　すぐれた記憶能力に関しては魚も負けてはいない．サケは川で生まれるが，海へ出てから数年後に自分が生まれた川に戻ってきて産卵することはよく知られている．サケはどのような仕組みで川を記憶し，再生するのだろうか．

　サケは2種類の臭いの記憶にもとづいて川を選んでいるらしい．ひとつは，河口の近くの海水の臭いであり，もうひとつは川の淡水の臭いである．河口付近でサケを捕らえ，鼻に栓をして臭いを嗅げなくしてしまったところ，正しい川にのぼっていけなかった．このように，特定の場面ですぐれた記憶能力がしめされるというのが，動物の場合の特徴である．それと比較すると，人間の記憶の特徴はどんな場面でも自分の知識を最大限に利用し，情報をうまく自分の知識にできることであろう．

12. 忘れる記憶と忘れない記憶

　記憶喪失という現象を耳にしたことがあるだろう．頭を強く打ったり，精神的なショックなどでそれ以前のことを思い出せなくなってしまう記憶障害である．この現象をもとにして，人間の記憶のメカニズムについて考えることができる．記憶喪失になった人でも言葉を忘れているということはないし，白衣を着ている人が医師や看護婦だということも理解できる．病院とはどんなところかということもわかっている．人間は生まれつき医者や看護婦がどのような人か知っているはずはなく，これらのことはすべてわれわれが経験

のなかで記憶してきたことである．自分の名前や住所，自分がかかわったいろいろなできごとを忘れてしまった人でも忘れていないこともあるわけである．

この例から考えると，人間の記憶（知識）はある特定のできごとに関する記憶と，場所や時間には関係しない記憶の2種類に分けることができそうである．できごとの記憶は**エピソード記憶** episodic memory とよばれていて，特定の場所や時間には関係しない知識のことは**意味的記憶** semantic memory とよばれる．人間の記憶が単一の構造ではなく，多層構造をしていることがこの例でもまたしめされたといえるだろう．

さらに学びたい人へ

記憶の入門書

G.R.ロフタス・E.F.ロフタス：人間の記憶．東京大学出版会，1980．
D.A.ノーマン：認知心理学入門 －学習と記憶－．誠信書房，1984．
R.L.クラッキー：記憶のしくみ －認知心理学的アプローチ．サイエンス社，1982．
A.バッドリー：カラー記憶力 そのしくみとはたらき．誠信書房，1988．

イメージ記憶について

M.ドゥニ：イメージの心理学．勁草書房，1989．

記憶の生理学

J.W.カラット：バイオサイコロジーⅠ，Ⅱ，Ⅲ，サイエンス社，1987．
二木宏明：脳と記憶 －その心理学と生理学．共立出版，1989．

記憶の変容について

E.F.ロフタス：目撃者の証言．誠信書房，1987．

天才的記憶について

A.ルリヤ：偉大な記憶力の物語．文一総合出版，1983．

記憶の専門書

高野陽太郎：認知心理学2 記憶．東京大学出版会，1995．

第1編 心理学の基礎

3

思考－問題を解決する－

1．問題解決とはなにか

「アルバイトの予定があったのに，友人と遊びにいく約束をしてしまった．どちらにも迷惑をかけたくない．どのような行動をとればよいか」
「夕食はカレーだと言われているとき，昼食は何を食べるのがよいだろう」
「観光地へ車で行こうか，地下鉄を使おうか，それともタクシーにするか」

　これらはいずれも，日常生活にみられる問題解決場面の例である．

　では，問題はどのように定義されるのだろう．問題とよべるには，いくつかの条件が必要である．ひとつは目標がはっきりとしていること．もうひとつは，その目標はすぐには達成できないこと．最後は，問題を解決するための情報が十分に与えられていることである．このような状態のもとで，目標を達成するために思考することが問題解決である．気をつけてみれば，われわれの生活は問題解決場面で満ちあふれていることに気づくだろう．この章では問題解決がどのように研究され，どのようなことが解明されているのか紹介していこう．

心理学における問題解決実験

$$\frac{\begin{array}{c}\text{DONALD}\\+\text{GERALD}\end{array}}{\text{ROBERT}}$$ 「各文字にはそれぞれ異なった数字が対応する．D＝5とすると残りの文字は何に対応するか」

「6本のマッチ棒で正三角形を4つ作るにはどうしたらよいだろうか」
「3本の棒が並んでおり，その左はじの棒にドーナツ型の円盤が下から大中小の順でささっている．一枚ずつ円盤を移動させて右の棒に大中小の順で置くにはどのような順で円盤を移動させればよいだろうか．ただし，

円盤は棒以外のところに置いてはいけない．また，途中でもかならず小さな円盤の方が大きな方よりも上になければいけない（ハノイの塔）」

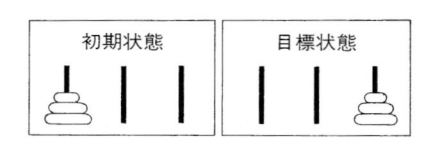

図3-1　ハノイの塔

これらのクイズは，心理学の問題解決実験でよく用いられるものである．クイズ問題が心理学実験で用いられるのには理由がある．クイズ問題は解決すべき目標や使える手段が明確であり，解決に必要な知識はすべて与えられているという特徴がある．このような特徴をもった問題は「よく定義された問題」とよばれる．日常場面で出会う問題は，「よく定義された問題」でないことがほとんどである．

「ハノイの塔」を例に問題の備えるべき条件について，さらに詳しく説明しよう．「ハノイの塔」を含め，「よく定義された問題」は次のような情報がはっきりとしめされている．

- 初期状態　最初の状態．左の棒に3枚置かれている．
- 目標状態　最終状態．右の棒に3枚置かれている．
- 演算子　　可能な操作．円盤を棒から棒へと移動させる．
- 制約条件　円盤が重なっている場合，より大きな円盤がより小さな円盤の下になっていること．一回に移動できる円盤は一枚だけ．

ゲームの場合，これらは通常はルールといわれる．これらの情報は問題を解決するのに，必要かつ十分なものになっていなければならない．目標状態がはっきりしなければ，なんのためにゲームをしているのかわからない．演算子が明確でなければゲームを進めることができない．

「よく定義された問題」の場合，問題を解決するための情報はすべて与えられていることになるので，頭の使いどころは，可能な演算子をどのような順序で適用するかということになる．そのため，このような問題がとけるか否かは，気がつきにくい演算子をいかに見つけ出し，適切に使うかにかかっていて，知識はあまり関係しないのである．

2. 問題の表現方法と解決の難易度

つぎは**馬問題**として知られている問題である．

「ある男が，1頭の馬を60ドルで買い，それを70ドルで売った．つぎに，彼はふたたびそれを80ドルで買いもどし，それを90ドルで売った．この男の馬の取引はどうだったか．」

この問題は被験者たちの40％しか正答できなかった．しかしながら，表現方法をわずかに変えて，次のようにしただけで正答率が劇的に上昇した．

「ある男が，白馬を60ドルで買い，それを70ドルで売った．つぎに，彼は黒馬を80ドルで買い，90ドルで売った．この男の馬の取引はどうだったか」

別の被験者にこの問題を与えたところ，100％の被験者が正答（20ドル）をだした．言葉づかいのわずかな変化が問題解決に重要な効果をもつことをしめしている．この実験例のむずかしい表現のほうでは，再び買いもどすときになにを基準として計算するか判断するのがむずかしい．もうけの量なのか，購入価格か，自分が持っているお金の額なのか．この基準があいまいだと問題がうまく解決できなくなる．われわれが問題解決にゆきづまった場合には，問題の表現方法を変えて考え直してみることが効果的である．

3. 類推と問題解決

われわれは，はじめて見る未知の問題でもなんらかの解決方法を見つけ出すことができる．これはなぜ可能なのだろうか．それはすでに似た問題を解決したことがあると，その経験を新しい問題にも利用できるからである．問題解決の経験に限らず，すでに持っている知識と新しい問題との関連性を見つけて問題解決を行なうことは類推による**理解**とよばれる．類推とはあることを説明するために，関連のある別の事柄を利用することである．類推と似た言葉に比喩があり，こちらは直接関連のないことを利用することである．

類推と理解

類推を利用した理解は人間にとってきわめて日常的なことである．明治時代に電話が普及しはじめた頃に，電話線に郵便物をぶらさげた人がいたという笑い話がある．これは電話という未知のものの仕組みが，郵便との類推で理解されたことをしめす例といえるだろう．電気信号は直接見ることも，聞くことも，触れることもできない．この例のように，直接知覚できないものを理解しようとする場合に類推が利用されやすいのである．

類推と問題解決

類推は人間にとって一般的な思考作用であることがわかった．では，どのような対象に対して，どのような場面で類推は働きやすいのだろうか．つぎに紹介するのは類推の機能を研究するために考案された「腫瘍問題」とよばれる問題である．

> 「胃の中の腫瘍を放射線で治療したい．ただし，腫瘍を破壊するような強力な放射線であれば他の健康な組織も破壊してしまうがどうしたらよいか」

最初にこの問題だけを被験者に提示し回答を求めると，わずか4.8％しか正答しなかった．類推によってこの問題の正答率が上昇するかどうか調べるため，「腫瘍問題」の回答の前に，「腫瘍問題」と同じ問題構造をもち，同じ解決方法を用いる「火事問題」を行なわせた．

> 「四方にたくさんの窓がある家の中で火事が起きた．窓枠を壊さないで火を消すこと．ただしひとつの窓だけから放水すると水の勢いで窓枠が壊れる」

被験者は「火事問題」は簡単に解くことができた．答えは四方の窓から少量ずつ放水するというものである．ひとつの窓あたりの放水量は少ないため窓枠は壊れず，それらの放水が家の中に集中するので放水の総量は多くなる．残念ながら，この問題が解けた被験者でも「腫瘍問題」が解けなかった．つまり，「火事問題」と「腫瘍問題」の類似性に気づかなかったのである．実験を続けた結果，被験者に類似性を気づかせるためには，火事問題で家の図を

しめし，さらにヒントとして，「火事問題」と「腫瘍問題」の間に類似点があることを教える必要があることがわかった．一見関係のなさそうな問題について適切に類推を働かせるということは，それ自体高度な思考作用であることがわかるだろう．

4．問題解決と過去経験

ある問題を一度解決すると，それと似た問題に出会ったときは，その解決方法が思い出されて，同じ解決方法がとられやすくなる．ときとしてこの傾向のために，一度経験した解決方法が無反省に使われることがある．そのことをしめすよい実験例は次のルーチンスの「水がめ問題」である．この問題は容量の異なる3種類の水がめA, B, Cを使って指定された水を計るという問題である．

問1は（B－2C－A）で解けることがわかるだろう．説明を読む前に，問2以降を自分自身で解いてみるとよい．

問1から順に解いていくと，多くの人が問8でつまずいてしまうことが確かめられている．さて，はじめ

	A	B	C	所定量
1	14	163	25	99
2	9	42	6	21
3	21	127	3	100
4	20	59	4	31
5	32	86	7	40
6	28	59	3	25
7	15	39	3	18
8	28	76	3	25

図3－2　水がめ問題

てこの問題を見る人に対して問6を最初に解かせてみよう．おそらくは問1から解いていったあなたとは異なった解きかたをするのではないだろうか．問6は（B－2C－A）でも解けるが，もっと簡単な解きかたもある．

ある解決方法を見つけると，他の解決方法を探さずにその解決方法をとり続けてしまうことはセット効果とよばれていて，これは一種の思考の機械化と考えられる．このような人間の思考特性は，通常は問題解決の労力を少なくし，その速度を速めるよい効果をもたらすが，ときには，簡単なはずの問題をむずかしく感じさせてしまったり，ちょっと発想を変えれば簡単に解け

5. 人間は論理的判断を行なうか

「今日は土曜日だから，いつもは混雑している食堂もすいているだろう」
「友人が授業にきていない．昨晩一緒に飲みにいったとき酔っぱらっていた．きっとふつか酔いで寝ているだろう」

　事実からある結論を導き出すことは推論 infererce とよばれていて，われわれが日常的に行なっていることである．人間は論理的に正しい推論を行なっているのだろうか．以下では人間の推論と論理的な推論との違いを指摘し，人間の推論の特徴を解明していくことにする．

演繹的推論と帰納的推論

　(ア)　ソ連は石油を 7 億 kl 以上産出している
　(イ)　世界中に石油を 7 億 kl 以上産出する国はほかにない
　─────────────────────────
　(1)　現在ソ連は世界で最大の石油産出国だ．
　(2)　来年の世界最大の石油産出国はソ連だ．

前提条件から結論を導き出すのが推論である．(ア)と(イ)が前提条件であり，(1)と(2)が結論である．推論は 2 種類に分類できる．ひとつは(1)のような決して否定できない必然的な結論を導き出す演繹的推論 deductive inference であり，もうひとつは(2)のように，かなり確からしいとはいえるが否定もできるような結論を導き出す帰納的推論 inductive inference である．(2)の結論に関しては，ソ連の石油施設が壊れたら他の国が世界最大の産油国になる可能性もあるので帰納的推論によるといえるのである．通常，論理的推論とは前者の演繹的推論を指す．われわれ人間はたえず推論を行なっているが，日常的な推論のほとんどが帰納的推論である．人間は演繹的推論が苦手であり，よく考えても推論の誤りを犯しやすいことが知られている．

演繹的推論にみられる誤り

次は人間が演繹的推論をいかに苦手とするかをしめす例である．

(ア)　金持ちはすべてベンツに乗っている
(イ)　私の友人はベンツに乗っている
___

(1)　したがって私の友人は金持ちである

(1)の結論はたいていの人が賛成する結論であるり，確かにありそうなことである．しかしこれは，必然的に導かれる結論ではないので，演繹的推論としては誤りである．なぜなら，(ア)の前提条件では，貧乏人がベンツに乗っているとも乗っていないとも述べていない．だから，ベンツに乗っている人のなかには金持ちも貧乏人もいるかもしれないのである．友人は貧乏人ではあるが，無理して見栄を張ってベンツに乗っているという可能性を否定できない．つぎは，演繹的推論の失敗をしめす実験例である．

(ア)　先生は少年の髪の毛をつかんで壇へ引きずりあげた．
___

(1)　少年は壇の所にいた．
(2)　先生は少年を好いていなかった．

見てわかるとおり，(1)は必然的に導かれる結論であり，(2)は可能性は高いが絶対とはいえない結論である．被験者に(1)と(2)の結論の確からしさを判定させてみると，このどちらの結論も同じくらい正しいと見なされることがわかった．このことから人間は，かなり確からしいが絶対とはいえない結論と，絶対に確実な結論を区別しないことがわかる．

人間の論理的推論

人間が演繹的推論を行なうさいに，誤りをおかしやすいことを見てきた．このことは何を意味するのだろうか．人間は一般的に論理的思考が苦手なのだろうか．それとも何か別の理由があるのだろうか．最近の研究で，この疑問を解明する鍵が明らかになってきた．

その研究では，「4枚カード問題」とよばれるつぎのような問題が使われて

```
┌─────┐ ┌─────┐ ┌─────┐ ┌─────┐
│  E  │ │  K  │ │  4  │ │  7  │
└─────┘ └─────┘ └─────┘ └─────┘
```

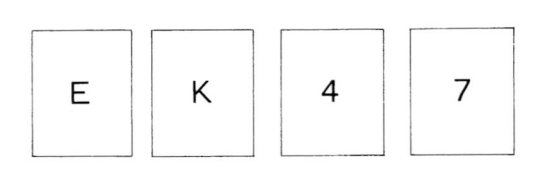

図3-3　4枚カード問題

「カードの一方の面にはアルファベットが一文字書かれており，もう一方の面には数字がひとつ書かれている．カードの一方に母音が書かれていれば，他方は偶数が書かれている，という主張が正しいか否かを確かめたい．どのカードをめくって調べる必要があるか選びなさい．ただし必要のないカードはめくってはいけない」

この問題を128名の大学生に行なわせたところ，多い答えは「Eだけを選ぶ」，「Eと4を選ぶ」であった．しかし，正答は「Eと7を選ぶ」である．正答したのはわずか5名（4％）であった．

Eを調べる必要があることや，Kを調べる必要がないことはわかりやすい．7を調べる必要があることがわかりにくいのである．もし7の裏にAのような母音が書かれていれば主張は誤りだということになり，それを確かめなければならない．4を調べる必要がないこともわかりにくいだろう．上の問題では，母音の裏は偶数だとされている．しかし，子音の裏が偶数か奇数かということについては何も述べていない．したがって4の裏は母音でも子音でもよく，調べる必要はないことになる．

この問題は以前から知られていて，誤りが生じやすいことも知られていた．そして，それは人間が一般的に論理的思考（演繹的推論）が苦手であることを意味すると考えられてきた．しかし，最近の研究では，問題の表現の形式が問題解決の重要な要因となっていることが明らかになってきた．

推論のさいには，日常生活で得た経験や知識も積極的に利用されると考えられる．したがって，問題が日常的な場面であれば，推論が働きやすいだろう．上記の「4枚カード問題」は人工的で，抽象的な場面設定なので，日常生活で得た知識を活用できず，人間の適切な推論活動を妨げる可能性がある．

日常的な場面のなかにも，「4枚カード問題」と同じ論理構造をもった問題がある．このような問題で正答率が高くなるとすれば，問題の場面設定が重

第1編　心理学の基礎　　61

要であることになり，人間が必ずしも演繹的推論が苦手だとはいえなくなる．次の問題はそのような意図のもとにつくられ，実験に使われたものである．

「遠足で女の子はリボンのついた帽子をかぶってくることになっている．この規則に違反した子どもがいないか見つけたい．4人の子どもをチェックするのだが，ふたりは帽子は見えるが顔は見えない．ふたりは顔は見えるが帽子は見えない．隠れている顔，あるいは隠れている帽子をチェックするのだが，どの子どもをチェックする必要があるか」

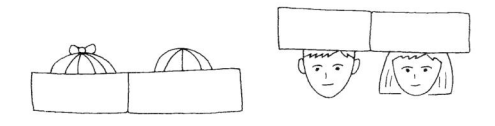

図3－4　帽子の子どもの図

この問題は4枚カード問題とまったく同一の構造をもっている．これを小学校1年生にさせたところ，意外なことに正解する子どもが何人かいた．その理由は，この問題が小学生たちにとってなじみ深い場面であり，自分の経験から身につけた知識を利用しやすいことであると考えられる．

問題の場面設定によって，推論の働きやすさが違うという効果が明らかになった．このような効果は他の推論場面を題材にした実験でもしめされている．

日常生活で得た知識や経験は，どんな問題を解くときにも参照されると考えられる．その問題が日常的場面を利用したものであれば，推論が行なわれやすいが，人工的で抽象的な場面であれば，知識を役立てにくかったり，関係のない知識を誤って利用してしまう可能性がある．抽象的で答えるのがむずかしい問題であって，どうしても解答しなければならないときは，自分の知識にもとづいた判断が行なわれやすい．

人間は日常的に推論を行なっている．人工的な場面設定は，人間がもっとも不得手とする場面のようである．確かに人間は演繹的推論問題で誤りが多いが，それはむしろ，人間にとって論理的思考がもっともむずかしい場面を設定した例といえる．一番の弱点をついて，そこから人間の推論能力について一般的な結論を出すのは不適切であろう．今後は，日常場面での推論について研究が進んでいくだろう．

6. 確率的な事象に対する判断

　世の中のできごとには，確率的にしか推論できないことがある．天気や列車の混みぐあい，品物のあたりはずれなど，あげればきりがない．トバスキーとカーネマンは確率的なできごとについての人間の判断についての実験を数多く行なった．そして，その判断がどのような特徴をもっているのかを明らかにしてきた．つぎにその実験をいくつか紹介する．

　たとえば，コインを投げて賭をするとしよう．「裏，表，表，表，表」と出たとする．つぎに賭けるなら，表と裏のどちらがよいだろう．もちろん正しくは表と裏は出現確率は同じであり，どちらに賭けても勝つ確率は同じである．ところが，多くの人は裏に賭ける傾向がある．これは賭博者の錯誤 gambler's fallacy とよばれている．理由を聞くと，表ばかり出ていたのでもうそろそろ裏が出そうだと思った，という答えが返ってくる．人間は，裏表がランダムに出現するのならば裏と表が適当に入りまじっているのが典型的な系列だと見なすようだ．

　似たような問題をもうひとつ紹介しよう．6人の子どもがいる家族を想像してみる．上から順に「女男女男男女」となっている可能性と「男女男男男男」となっている可能性のどちらのほうが高いであろうか．確率的にはどちらも等しいのだが，82％もの被験者が前者のほうが可能性が高いと答えている．

代表性

　トバスキーとカーネマンはこのような誤りが生じる原因として，代表性の原理という考えを提案した．表か裏か，男か女か，ということはランダムに生じるできごとである．ランダムに起きる事象をならべると不規則な系列になる傾向がある．しかし，だからといって次のできごとの確率が変化するわけではない．ここに勘違いの原因があると考えられる．被験者は，不規則な系列が一般的だと判断し，表と裏が適度に入り交じった系列ができることを期待したのであろう．男女が不規則に並んだほうがもっともらしいと判断し

たのだろう.

　彼らはほかにも人間の直観的判断と論理的答えがどうしても一致しない例をあげている.

　「ある町では2種類の色のタクシーがあり，緑色のタクシーが85％，青色のタクシーが15％の比率で走っている.タクシーによるひき逃げ事故があり，目撃者によると青色タクシーだったという.ところが，この事故は夕方に起こったため，色の識別がむずかしい状況であった.目撃者に同じ状況で実験してみたところ，正しく判断できる確率は80％であることが判明した.（つまり，緑色タクシーであってもそれを青色と見まちがえてしまう確率が20％ある）　事故を起こしたタクシーが本当に青色であった確率は何％であるか」

表3-1　タクシー問題の解法

		青色と判定	緑色と判定
青色タクシー	15％	12％（80％）	3％（20％）
緑色タクシー	85％	17％（20％）	68％（80％）

青色タクシーと判定したときに実際に青色タクシーである確率は
$P = 0.12 / (0.12 + 0.17) = 0.41$

　この問題は「**タクシー問題**」とよばれている．この問題にたいする被験者の平均的答えは80％というものであった．つまり，青色タクシーがひき逃げしたと推測した．ところが，**ベイズの定理**という確率計算の公式を使って計算すると，正解は41％であり，緑色のタクシーがひき逃げした確率のほうが高いのである．被験者の誤りの大きな原因は，町中では緑色のタクシーの台数が圧倒的に多いということを考慮していないことである．それぞれの色の台数の比率は**事前確率**とよばれ，一見すると奇妙な正解はこの事前確率を考慮して計算されたものなのである．

　被験者のなかにはこの確率の計算方法を知っていて，正答を算出できるものもいた．おもしろいことは，正答を見つけ出した被験者であっても自分の

解答が奇妙だと感じてしまい困惑してしまうことである．この例から，人間は事前確率を考慮した判断がきわめて不得手であることがわかるだろう．

人間はほんとうは論理的

　確率的事象に対して，人間が論理的な判断を行わないことをしめす例を見てきた．これらの実験例から，人間は一般的に論理的ではないと結論すべきなのだろうか．これらの実験例に対しては，実験が扱っている場面が日常的な推論を働かせにくいものであり，一種のトリック的な課題を行なわせているという批判がある．「タクシー問題」にしても被験者は事前確率を考慮できないのではなく，気づくことができないだけではないかとも考えられる．

　実際，問題の表現を少々変えて「町のタクシー事故の85％は緑色タクシーが起こしたものであり，15％は青色タクシーが起こしたものである」とすると，事前確率というものが何を意味しているのか，どのように考慮すればよいのか気づき，被験者の反応も違ってくる．人間は考える手がかりさえあれば，適切に推論できるのである．したがって，推論や確率的判断の誤りが生じる原因は，人間の判断能力の限界というより，手持ちの判断材料の欠如であると考えられる．手持ちの知識をやりくりして判断を行なわなければいけない場合がある．そのような状況のなかでも，人間はできるかぎり論理的な判断を行なっているのだろう．

7．人工知能と問題解決

ねね　あら吉田さんお久しぶりね．
吉田　お久しぶりです．小学校の時の友人が結婚式に呼んでくれたので，ちょっと国へ帰ってたもんですから．
ねね　まあ，そうだったの．楽しかった？
吉田　うん．
ねね　で，吉田さんはまだなの．
吉田　結婚はしたいんだけと，なかなかいい相手が見つからなくて．
ねね　吉田さん，条件がきびしすぎるんじゃない．

吉田　ねねさんみたいな美人を探してるんだけどな．
ねね　まあ，お世辞ばっかり（赤くなる）．
（心を持った機械より）

　これは日常的でありふれた会話のやりとりである．この平凡きわまりない会話は，ねねと愛称をつけられたコンピュータと人間との間のやりとりである．とはいってもこれは実現されているのではなく，このような会話ができればすばらしい，という研究目標なのである．

　つぎは，なぜコンピュータによって人間の思考が研究できるのか，コンピュータが得意なことや不得意なことはなにか，コンピュータを利用した研究により人間の思考について何がわかったかということを紹介していく．上記のような平凡な会話をコンピュータで実現するのが，なぜむずかしいのか考えながら読んでもらいたい．

人工知能とは

　人工知能 artificial intelligence とは知的な判断や行動をすることができるように設計されたコンピュータである．実際には知的な振舞いを実行するようにプログラムを作りあげて，それをコンピュータ上で実行している．人工知能とよべるものは，「コンピュータオセロ」，「コンピュータ将棋」のようなゲームから「車の自動誘導システム」や「病気の予診システム」といったものまでさまざまである．どれも，かつては人間しかできないと思われていたような知的な判断を行なうものである．重要なことは，コンピュータが行なう判断や行動はプログラムという形で完全に明確に記述されていて，曖昧なところや不明な点がまったくないことである．

なぜ人工知能で人間の思考が研究できるのか

　これまで紹介してきた研究は，実験によって人間の思考過程を明らかにしようとする試みであった．しかし，実験だけで研究を進めることはとても困難である．実験で明らかにされるのは思考結果の反応であって，思考中に何がどのような手順で処理され，問題が解決されていくのかについては明らかにされない．

コンピュータを使って，そのプログラムを思考過程にみたてることによって，どのような思考過程（プログラム）によって問題が解決されるか分析可能になる．このように，コンピュータに人間の思考過程を模倣させて問題解決を行なわせることをコンピュータ・シミュレーションとよんでいる．

問題解決のコンピュータ・シミュレーションは，単なる実験の代用品ではない．人間が人間だけを対象にして研究を行なうと，あたりまえのことがかえって気づきにくい場合がある．たとえば，朝のおはようの挨拶も，朝に挨拶をする場合にどのような言葉が適切かという知識がなければできないことであるが，あたりまえすぎて，自分にそのような知識があることを意識することはないだろう．コンピュータによる問題解決と人間のそれを比較することによって，コンピュータにとって簡単なことが人間にはむずかしいことがわかったり，あるいはその逆のことがわかったりして，人間の問題解決方法の特徴が明らかにできるのである．

人工知能の歴史

人工知能研究の歴史は，コンピュータ開発の歴史とともに1950年代に始まる．歴史年表を概観してみると，奇妙なことに気づくだろう．それは，人工知能が処理する問題は，初期の頃はわれわれにとって難解な内容のものであるが，時代が進むにつれて，かえって程度の低いやさしい問題へと変化していることである．

この不思議な現象は問題を処理するときに使われる知識に関係する．初期の頃に扱われていたむずかしい問題は，専門的知識を必要とするものであるのに対し，新たに研究対象となってきたやさしい問題は常識的知識を必要とするものである．専門的知識は範囲がせまく厳密であるのに対して，常識的知識は範囲がひろく曖昧である．範囲がひろく曖昧な知識をあつかうほうがはるかにむずかしいことなのである．

つぎに，代表的な人工知能であるGPS general problem solverと自然言語理解の内容を紹介してコンピュータによる問題解決方法の限界と人間の問題解決能力のすばらしさを明らかにしよう．

表3-2 人口知能の歴史（70年代の人工知能より）

準備期	古典的サイバネティックスの時代 (1943〜1956)	人工知能研究の準備・思索 　フィードバック構築・フィードフォワード機構・モデル 　コンピュータの開発（1946） 　（数値計算機としてのコンピュータ）
第Ⅰ期	ゲームとパズルの時代 (1956〜1965)	人工知能の誕生 ゲーム・パズルの木構造を対象にして探索技法の研究 　LT (1956)，GPS (1959)，EPAM (1961)など 　（記号処理装置としてのコンピュータ）
第Ⅱ期	知能ロボットの時代 (1965〜1970)	知能ロボットによる"積み木の世界"の研究，定理証明などにおいても"知識"の利用が重要であることの認識，次の時代の芽の育成． 　STUDENT (1964)，Evans プログラム (1968) など （データ処理装置としてのコンピュータ）
第Ⅲ期	言語と知識の時代 (1970〜　)	言語理解・知識表現など本格的課題への取組み 　言語理解システム SHRDLU (1971)，フレーム理論 (1975) 認知科学・知識工学の誕生 (1977) データ処理装置としてのコンピュータから知識処理装置としてのコンピュータへ

一般的問題解決システム（GPS）

　教室にいるときに，図書館の心理学の本を参照したいと考えたとする．これは一種の問題解決場面と見なすことができる．この問題をＧＰＳはつぎのような手順で解決していく．まず最初に現在の状態（教室にいる）と目標状態（本を参照している）の差を評価してその差を縮める手段を決定する．この場合，その手段は「歩いて図書館にいく」ということになる．次の手順はその手段を適用して達成される状態を現在状態（図書館にいる）とおき，そ

の現在状態と目標状態との差を評価する．こんどはその差を縮める手段は「分類表を見て心理学関係の書棚へ行く」ことになる．このようにして，目標状態と現在状態との差を評価し，それを縮める適切な手段を選んで，最終的に目標状態と現状を一致させるのがＧＰＳの問題解決手法である．この手法は**目標手段分析**とよばれている．ちなみにこの例の場合，さらに目的の本を選び，その本の目的の章を開くという手段をとって最終状態に達することになる．このような定式的な手順のことを**アルゴリズム**（処理手順）とよぶ．

　目標状態と現状の差の評価と，それに対する手段の選択は自動的に行なわれるわけではない．それは，プログラムを設計した人があらかじめ設定しておいたデータにもとづいて行なわれる．このデータは，たとえば状態の差が「別の建物にいる」であれば，手段として「歩いて行く」を選ぶ，というように書かれている．当然ながら，このデータがきちんと書かれていなければ問題は正しく解決されない．

　さて，このようなコンピュータによる問題解決方法が，人間の問題解決方法と一致しているかどうか，どのように確かめるのだろう．その方法として**プロトコル分析**とよばれる手法が用いられる．この手法は被験者に問題をやってもらい，そのさいに思いうかんだことをその場で口頭で報告してもらい，記録する方法である．その記録を**プロトコル**とよび，プロトコルからしめされる問題解決手順とコンピュータによる問題解決手順を比較して，コンピュータ・プログラムを評価するのである．

　ＧＰＳによる問題解決方法は，いくつかの問題をうまくあつかうことができたが，これを人間の思考過程と見なすことに対しては反論もあった．ＧＰＳは，与えられたデータをしらみつぶしにチェックして適切な手段を見つける．しかも何度同じ問題を解かせても同じようにしらみつぶしのチェックを行なう．人間であれば，同じ問題を何度も経験すれば，解決への近道になる簡単な方法をさがし出すだろう．ずぼらな人であれば解決のパタンを記憶してそれを機械的に適用したりするだろう．

　人間の問題解決の方法の特徴は，知的労力が少なく，すばやく行なえるような思考の近道を見つけ出し利用することである．この簡便な解決方法のことは**ヒューリスティクス** heuristics とよばれる．

たとえば将棋の名人クラスは何十手も先までしらみつぶしに読んでいると思うかも知れない．しかし実際には読みを行なって手を決めるのではなく，盤面の駒の配置パタンから"なんとなく"いい手が思いつくそうである．名人クラスは，ある配置パタンの場合はこの手がよいというヒューリスティクスを経験的に身につけたのだろう．残念ながらヒューリスティクスについてそれほど詳しくはわかっていないが，ヒューリスティクスを解明することが人間の思考を解明する鍵と見られているので，現在研究が進められている．

自然言語理解

自然言語とはわれわれが日常的に使っている言葉である．これに対して人工言語とはコンピュータのプログラムなどが含まれる．自然言語のコンピュータによる理解は3段階で行なわれる．単語解析，構文解析，意味解析である．以下では順にこれらの解析方法を解説しよう．

単語解析とは文を単語に分解することである．単語解析の方法のひとつに最長語法がある．この方法では，最初に一文をひとつの単語と仮定し，単語辞書にそのような単語があるかどうか調べ，あればそれで単語が決定され，なければその一文を最後の一語だけ削ってそれを単語と仮定し，そのような単語があるかどうか調べる．この過程を単語が決定されるまで繰り返す．

重要なことは，単語辞書はプログラムの作成者があらかじめ設定しなければならないということである．そしてこの辞書にのっていない単語は決して単語とは認定されない．だから膨大な量の単語を網羅した辞書が必要になる．

第二段階の構文解析は，文の文法構造を分析することである．「洋子がスキーへ」という文を考えてみよう．単語どうしは，つ

ようこががっこうへいった
ようこががっこうへいっ　た
ようこががっこうへい　った
　　　………
ようこ　ががっこうへいった
<u>(確定)</u>………
　　　が　がっこうへいった
　　　<u>(確定)</u>………
　　　　　がっこう　へいった
　　　　　<u>(確定)</u>
　　　　　　………

図3－5　単語解析の図

ながる組み合わせとつながらない組み合わせがある．上の文の後には「行った」という動詞はつながるが，「うつくしい」という形容詞はつながらない．構文解析では，あらかじめ登録されている文法パタンと文がマッチするか，マッチするとすればどのパタンなのかが分析される．単語解析と同様に，文法パタンが登録された辞書が必要とされることに注意したい．

　最後は意味解析である．コンピュータが文の意味を理解するというのは，一連の単語の組み合わせ（文）が，ある文法構造とうまく対応づけが行なわれることを意味する．この段階で重要なことは，ある文の内容が正常かどうかの判定である．どのように理解されるか決定するには膨大な量の知識が必要である．「自転車を売った．その金でジェット機を買った」　これは文法的にはなんの問題もないが，明らかに奇妙に思える文である．「自転車を売った．その金で本を買った」　これであれば抵抗なく受け入れられるだろう．この文が正常だと思えるには，自転車を売ると数千円かせいぜい数万円にしかならないという知識をもっている必要がある．

　「橋で泳いでいる人を見た」

　この文は「川で人が泳いでいる」と理解できるだろう．しかし，この文は，文法的観点だけから見ると「橋の上で人が泳いでいる」とも理解できる．そのような理解の仕方が奇妙だと判断するには，橋の上で人は泳がないという知識をもっていなければならない．

　われわれにとって苦労なくできてしまうために，ふだんは気にも留めないことであるが，文の意味の理解過程では膨大な量の知識が利用されているのである．

すぐれた日常問題解決

　推論に関するいくつかの有名な研究を紹介してきた．どの研究でもしめされたことは，実験場面で使われたような人工的な問題に対しては，人間は合理的規則にもとづく推論は行なわないということである．しかし人間は日常的に推論を行ない，その推論は現実場面では適切なことが多い．また，その推論はきわめて素早く行なわれることがわかる．

　たとえば，主婦の買物という日常場面についての研究がある．この場合，

主婦は予算の範囲内で，家族を満足させる食事を作るという問題解決を行なっていると見なせる．同じ献立を連続して作るわけにはいかないだろうし，その季節の旬のものをとり入れることも必要だろう．栄養のバランスにも気を使うべきだろう．ある意味ではきわめて高度な問題解決である．調査してみると実にみごとに買物をしていることがわかる．電卓を持ち歩いているわけでもないのに，買物を終えてみると，ほぼ予算の範囲内におさめているのである．実験室で分析されているのが人間の問題解決能力のすべてではないようである．その見落としている能力のなかに，人間の問題解決能力の特徴が潜んでいるのかもしれない．

さらに学びたい人へ

思考の実験心理学
R.E.メイヤー：新思考心理学入門．サイエンス社，1979．

思考の新しい研究について
安西祐一郎：問題解決の心理学．中公新書，1985．

カーニー：認知心理学講座 3 問題解決．海文堂，1989．

コンピュータ・シミュレーションについて
戸田正直：心を持った機械．ダイヤモンド社，1987．

シャンク：考えるコンピュータ．ダイヤモンド社，1985．

F.ローズ：人工知能への挑戦．ダイヤモンド社，1985．

日常生活における問題解決について
D.G.ゴース・J.M.ワインバーク：ライト，ついてますか 問題発見の人間学，共立出版，1987．

D.A.ノーマン：誰のためのデザイン．新曜社，1990．

海保博之：こうすればわかりやすい表現になる．福村出版，1988．

思考の専門書
市川伸一：認知心理学 4 思考．東京大学出版会，1996．

知的機能一般について
御領　謙・菊池　正・江草浩幸：新心理学ライブラリ 7 　最新　認知心理学への招待　―心の働きとしくみを探る―．サイエンス社，1993．

森　敏昭・井上　毅・松井孝雄：グラフィック　認知心理学．サイエンス社，1995．

4 言語 －意志を伝える－

1. 言語の機能

　言語は情報を抽象化する手段である．情報の抽象化が行なえないとちょっとした判断でも困難になる．たとえば，赤っぽい紫色と赤色を見せられて，後から思い出してもらうとしよう．その色を「紫」のように言語化して憶えておけば容易に思い出せるが，見たまま憶えておこうと思うと大変苦労させられるだろう．まして言語を使わずに論理的な判断をするのは，言うまでもなく困難なことであって，言語によって人間は思考機能が格段に高まるのである．

2. 動物はことばをもつか

　人間以外の動物には言語はないとする仮説がある．たしかに人間ほど高度に抽象的な言語をもつ動物はいないように思われる．では，動物は意志伝達が可能かどうか，という質問にはどのように答えられるだろう．
　人間の場合，違う言語を使っている者どうしは，言語を用いた意志伝達はできない．しかし，身振り，手振りを用いて意志を伝達することは可能だろう．動物に言語がないとしても，このような手段を用いて意志伝達をしていることは十分考えられる．実際，群れで生活する動物たちは，仲間の1匹の警告の叫びに反応して逃走する．サルはさまざまな種類の叫び声をあげることが知られており，イルカやクジラもまた人間の耳には聞こえないが，さまざまな種類の音を出していることが知られている．これらの声や音には意志伝達の機能がないのだろうか．われわれは，動物の声の翻訳機を持っているわけではない．そこで，意志伝達をしなければ解決できないような課題を設

定してそのことを確かめる試みが行なわれている．

ベルベットモンキーの警戒の叫び

　アフリカのベルベットモンキーは子イヌ程度の大きさのサルである．集団で樹上生活をしており，レパードやワシやヘビが天敵である．これらの天敵が接近してくるのに気づいたら，そのサルは敵の種類に応じて異なった叫び声をあげて仲間にしらせる．レパードであれば細い枝に逃げ込まねばならず，ワシならば地上の幹近くのしげみに隠れなければならない．ヘビの場合は単に遠ざかればよい．警告の叫び声がするとサルたちは適切な方向を向いて敵を探し，退避する行動をしめす．

　叫び声が敵の種類をしめしていることを確かめるための実験が行なわれた．スピーカーを木のしげみに隠して，録音しておいたサルの叫び声を流したのである．このスピーカーの声に対して，サルたちはいつも通り適切に反応した．このことから，叫び声が意志伝達の手段となっていると推測できる．ただし，別の解釈も残されていて，敵の種類によって恐怖の程度が違い，叫び声は恐怖のあまりに出た声で，その違いは恐怖の程度を反映しているに過ぎず，他のサルに意志を伝達する意図はないという可能性である．

イルカのコミュニケーション実験

　たとえば，イルカを使った意志伝達の実験がある．オスとメスの2頭のイルカが中央を仕切られてお互い見通せないが音は伝わるプールに入れられた．メスのほうにはランプが備え付けられており，オスのほうには反応装置として2個のパドルが備え付けられていた．ランプが点灯しているときには右のパドルを押すのが正解で，ランプが消灯しているときには左のパドルを押すのが正解であった．この課題をこなすにはメスがオスに対してなんらかの方法でランプの状態を伝えなければならない．報告によるとイルカはこの課題をうまくこなせたという．

ハトのコミュニケーション実験

　ハトを使った実験もある．2つの実験箱が透明なプラスチックで仕切られ

図4-1 ハトの実験箱

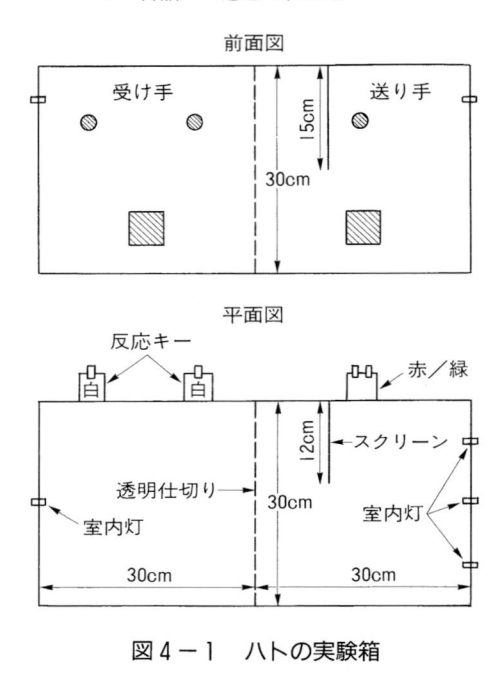

ており，それぞれの箱に1羽ずつハトが入れられた．図の右側の送り手のほうにはボタンがひとつついていて，それが最初に緑色か赤色に点灯した．つぎに受け手のほうのふたつのランプが白色に点灯するが，送り手のボタンの色に応じてどちらが正解のボタンかが決められた．受け手が正解の側のボタンを押したときだけ，両方のハトに餌が与えられるようになっていた．受け手が正解するには送り手の側の色を知らなければならないが，カーテンがあるため色は直接には見えないようになっていた．訓練の結果，正答率は80％以上に上昇した．

賢い馬ハンスは賢いか

　どちらの実験例も動物がなんらかの手段で意志伝達をしていることをしめしているように思える．しかし，冷静に実験場面を分析してみると疑問が生じてくる．意志伝達とは普通はお互いになにかを伝えようとする意図があって行なわれるものである．これらの実験では動物にそのような意図がなくても課題は達成されてしまうのである．

　たとえば，イルカのメスはランプがついたときには驚いていつも大きな叫び声をあげていたとしよう．オスにとっては大きな叫び声が上がっているときには右のパドル，そうでないときには左のパドルを押すというルールにしたがって行動すればよいのである．この場合，メスに意志伝達の意図があろうとなかろうと，うまく課題がこなせる．同様のことはハトの実験でもいえ

る．

　これと似た話に賢いハンスの話がある．馬のハンスは調教師のしめした数を足し算して正しい数をしめすことができた．実際には調教師や観客がしめす微妙な行動の変化が答えの手がかりとなっていたのである．この場合，調教師や観客は自分ではそのような意図がなかったが，結果的にはハンスに自分の意志を伝えていたのである．

3．ことばを習うサル

　このように，動物どうしが意志伝達をしているかどうか実験を行なっても確かな結論をだすのはむずかしいことである．動物が意志伝達が可能か，あるいは言語があるかどうかを調べる方法として，上記のような動物どうしの共同での課題遂行以外に，人工的な言語を教えるやりかたがある．
　その対象となる動物は，その外観や知能が人間にもっとも近いと考えられる類人猿である．なかでもチンパンジーはその飼いやすさから，この種の試みでは主役となっている．つぎに，類人猿を対象とした言語訓練の研究例をいくつか紹介して，類人猿に言語習得が可能か，そもそも言語とはどのような特性をもっているものなのかを考えていく．

手話を学ぶチンパンジー

　古くは1930年代，1950年代に，チンパンジーを家で飼って言葉を教えこもうという試みがおこなわれた．訓練者たちの努力にも関わらず，この試みでは言葉を習得することはほとんどできなかった．チンパンジーのVikiの発したことばは，「ママ」，「パパ」，「カップ」，「アップ」のわずか4語であったという．
　この失敗の原因がチンパンジーの言語操作能力が劣っているためではなく，人間と喉の構造が違うために発話が困難なためであると考えた研究者たちは，手話（ASL）を発話の代わりに使うことを考えた．
　その最初の試みはWashoeのプロジェクトである．Washoeに対しては，ある対象をしめして，それに対応する手話をして見せた．Washoeが真似した

4 言語 —意志を伝える—

表4-1 サルの言語訓練の試み

研究者	年代	対象	名前	言語
ケロッグ夫妻	1930	チンパンジー	Gua	音声
ヘイズ夫妻	1950	チンパンジー	Viki	音声
ガードナー	1970	チンパンジー	Washoe	ASL（手話）
テラス	1970	チンパンジー	Nim	ASL
パターソン	1970	ゴリラ	Koko	ASL
プレマック	1970	チンパンジー	Sarah	プラスチック・シンボル
ランボー	1970	チンパンジー	Lana	コンピュータ・シンボル
ランボー	1980	チンパンジー	Sherman	コンピュータ・シンボル

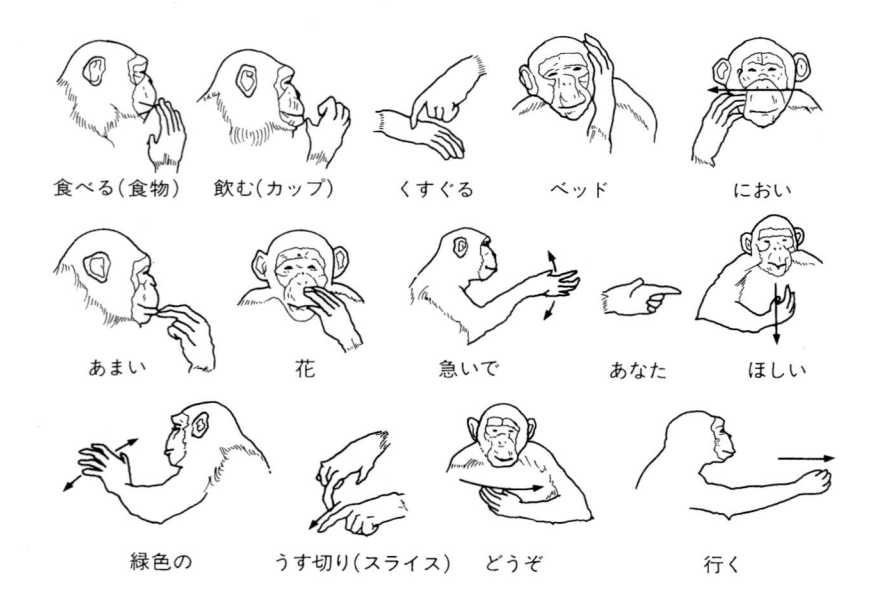

食べる(食物)　飲む(カップ)　くすぐる　ベッド　におい

あまい　花　急いで　あなた　ほしい

緑色の　うす切り(スライス)　どうぞ　行く

図4-2 ASL

場合には報酬を与え，真似しなければ手をとって真似させるという方法で訓練が行なわれた．

　Washoeは4年間の間に132語を憶えた．そして，憶えた言葉を別の場面で

使う行動もしめした．たとえば，「イヌ」というサインを，生きているイヌにも写真のイヌにも用いた．「もっと」というサインを，食事のときにも遊びのときにも用いたし，「開ける」というサインを，ソーダー水のびんやドアのときにも用いた．これは言語の汎用性をしめすと考えられる．

また，複数のサインを自発的につなげて用いるようにもなった．さらに，訓練者がハクチョウを指して「あれは，なにか」とたずねたところ，「水鳥」という答えを返してきたという．これは言語の生産性をしめすとも考えられる．

これらの結果は一見するとすぐれた言語機能（汎用性，生産性）をしめすようにも思えるが，多くのサインは，訓練者のサインに促されるように発せられており，たんなる物まねとの区別がはっきりしない．複数語を組み合わせた例も，組み合わせの順序までは一貫性がないらしく，その点が人間の場合とは異なっている．「水，鳥」の例も，水と鳥を順に見て，順に「水」，「鳥」のサインをしたのであって，「水鳥」という言葉を新たにつくり上げたわけではないかもしれない．また，訓練には報酬を使っていたため，サインを出すのは報酬を得るためのたんなる手段になっていたとも考えられる．

テラスが始めた Nim に対する手話の訓練は，これらの問題点を明らかにするため，慎重に行なわれ，分析も客観的な手段が用いられた．18ヶ月のあいだ訓練を行なって，Nim は 2 語以上の文を実に 5235 種類も作り出した．ところが，その文をビデオテープを用いて詳細に分析したところ，同じ語の単なる繰り返しなどが多く，実質的な 2 語以上の文はわずかだった．1 文

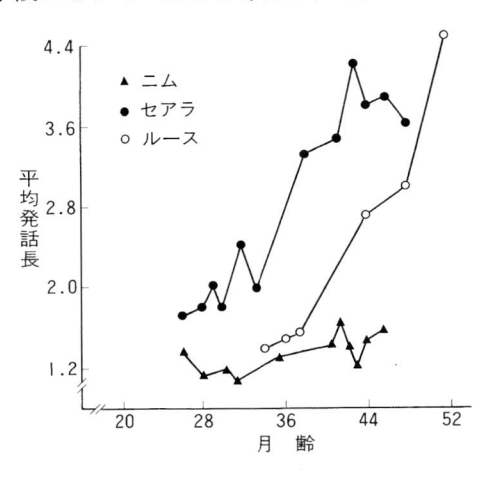

図 4 － 3　人間とチンパンジーの言語習得速度

に含まれる語の数の平均値は 1.5 であり，これは正常な子どもや聾啞の子ど

もに比べて著しく少ないものであった．

また，ビデオテープの分析では，Nim のサインは訓練者の促しのサインに続いて行なわれることが多く，しかも訓練者のサインが終わる前にサインをし始める傾向も明らかになり，身振りの模倣が行なわれていることがうかがえた．

プラスチック記号言語

音声も ASL もふたつのサインを一度には発せられず，次々としめしていかなければならない．しかも次のサインをしたときには前のサインは消えている．われわれが外国語を学ぶ場合，ことばを次々に発するのに比べれば，紙の上に書く方が容易だろう．記憶能力の問題が関係してくるからである．

この問題を避けるために Sarah の場合は，言葉をしめすプラスチック性のプレートを，パネルに張り付けるという方法で言語学習が行なわれた．プレートは色と形に違いがあり，それぞれ違った意味が与えられていた．そのなかには名詞「リンゴ」，「チョコレート」や形容詞「丸い」「赤い」や条件節「もし〜ならば，〜」などがあった．

図4-4　サラの絵

その訓練方法は，「リンゴ」を学習する場合は，リンゴを食べさせている際に「リンゴ」のプレートを手につかませた．そして，つぎの段階ではそれぞれ異なった食べ物に対応するプレートを見せて選ばせ，それに対応する食べ物を与えた．このようにしてリンゴに対応するプレートを学習させた．

つぎに「あたえる，リンゴ」という2語の文を学習させた．このふたつのプレートをしめ

した場面では目の前のリンゴをSarahに与え，「洗う，リンゴ」をしめした場面ではリンゴを洗ってみせた．このようにして動詞がどのような行動と対になっているかを教えた．

つぎに疑問文を教えた．ふたつの物，たとえばリンゴとバナナの間に「？」のプレートを置いてしめし，その「？」プレートを「同じ」プレートか「違う」プレートに置き換えさせた．もちろんこの場合は「違う」プレートを置くのが正しい．同じような方法で「バナナ，同じ，？」の文をしめし，「？」をバナナのプレートに置き換えさせた．

つぎは，「(プレートの) バナナ」「？」「(実物の) バナナ」をしめし，「？」のプレートを「名前」のプレートに置き換えさせる訓練を行い，「〜の名前」という語を教えた．

条件文の訓練は「Sarah，とる，リンゴ」「もしも，メアリー，与える，チョコレート，Sarah」の2文を同時にしめし，Sarahの適切な行動に対して報酬を与える方法で行なった．

これらの訓練の結果，Sarahは複雑な文に対しても適切に反応できるようになった．たとえば，訓練者がプレートを組み合わせて「Sarahはクラッカーを皿にいれる」という文をしめすと，クラッカーを皿にのせるという適切な行動をしめした．Sarahは訓練の結果，疑問文，否定文，条件文，重文，複文をつくることができるようになった．

一見すると，すばらしい言語能力をしめしているように思われるが，プレートの並びを見て適切な行動をするというのは，たんにサーカスの犬が調教師の身振りで適切な芸を見せるのと同じだとも考えられる．プレートの単語の意味を知っていることがしめされてはじめて言語をあやつっているといえる．また，訓練に報酬として食べ物が導入されていることも問題である．たんなる食べ物を得るための問題解決を行なっているという批判をまぬがれないからだ．

コンピュータと対話するサル

さらに洗練した実験がランボーによって行なわれた．この実験ではLanaというチンパンジーが使われ，コンピュータのキーボードを操作させること

で言語訓練が行なわれ，使われたサインはヤーキース語とよばれる人工言語であった．この訓練は人間とチンパンジーが対面して行なうものではないので，人間がLanaに無意識のうちに手がかりを与えてしまうという問題点を避けることができた．LanaもSarahと同様に，実験者のしめす質問に適切に答えると報酬が得られた．飲食物がほしいときには「水を下さい」というようにサインを組み合わせてしめす訓練を受けた．その結果，Lanaは適切な順序で，適切なサインを組み合わせてしめすことを学習した．

Lanaがサインについてなにを学習したのか，その意味を理解して使っていたのか，たんなる報酬をもらう手段として使っていたのかについて分析された．Lanaは実物の食べ物と実物の道具を分類することができた．もしも対応するサインが，その実物を意味していることを理解しているならば，食べ物を意味するサインと道具を意味するサインのあいだの，サイン同士の分類もできるはずだが，それはうまくいかなかった．LanaもSarahと同様，報酬をもらうための手順を憶えたに過ぎなかったようである．

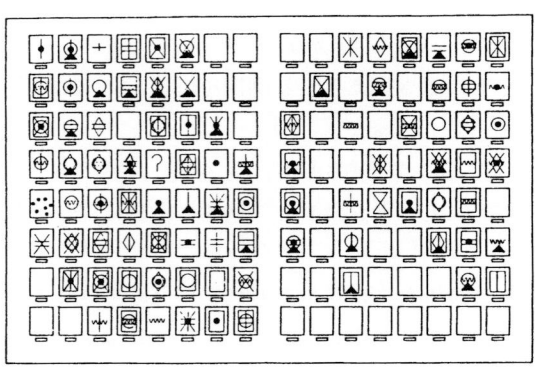

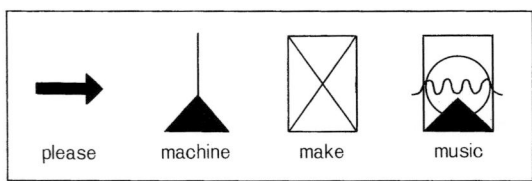

図4-5　ヤーキース語

ことばを理解するチンパンジー

ランボーは，Lanaの失敗がチンパンジーの言語使用能力の限界をしめすのではなく，訓練方法が不適切だったことが原因であると考えて，あらたな

訓練手法を別のチンパンジーの Sherman と Austin に行なった．訓練装置は Lana と同様のコンピュータ装置であったが，言語学習はこの 2 頭の間でのコミュニケーション訓練という方法で行なわれた．

その訓練方法のおかげで，これら 2 頭のチンパンジーは，確かにサインの意味を理解するようになり，それはつぎのようなテストでしめされた．そのテストでは，最初に食べ物を見せられたら食べ物を意味するサインを選択し，そうでないものに対しては，もうひとつのサインを選択するように訓練した．つぎに，それまで見せていなかった物を見せ，それが食べ物か否かに応じて適切なサインが選ばれるかどうかを観察した．Lana はこのテストがうまくできなかったが，この 2 頭は正しいサインを選ぶことができた．つまり，サインの抽象的意味を理解することができたのである．

4．言語の条件

言語の必要条件はいくつか提案されている．ひとつは，目の前にない物について話題にできることである．ランボーの訓練した Austin と Sherman の行動はこの条件をみたしていた．この 2 頭は皿に数種類の食べ物がのっているのを見てから，キーボードのところまで行き好物の食べ物を注文するという行動をしめした．キーボードを操作しているときには皿を見ることができないのでこの条件がみたされていると考えられる．

ふたつめの条件は言語が何を意味しているか知っているということである．Nim や Lana の場合は怪しかったが，Sherman と Austin が言葉の抽象的な意味を知っているという証拠はテストでしめされていた．

3 番目の条件は，語順が重要であることに気づいていることである．人間の言語の場合，同一種の単語を並べた場合でも語順が違えば意味が違ってくる．この点に関しても Sarah や Lana では明確なことはいえなかったが，Sherman や Austin の場合には，訓練者がわざと語順の誤った文をしめすと，訂正したり受けつけないという行動がみられた．

最後の条件は自発的に語を組み合わせて文をつくることである．Washoe や Nim のように手話を使う場合には，語の複雑な組み合わせは苦手である

ことがしめされた．現在でもこの条件を十分にみたした行動は観察されていない．

　チンパンジーに言語機能があるかどうかを検討するための一連の研究は，挫折の歴史であったといえる．しかし Sherman や Austin の例がしめすように，これまでの失敗はその訓練の方法に問題があり，訓練方法が適切であれば，チンパンジーは言語機能の本質といえる抽象化の能力をしめすことが明らかになってきた．どのような言語能力が明らかにされていくのか，今後の展開が興味深い研究分野であろう．

さらに学びたい人へ

動物の知的機能について

J.M.ピアース：動物の認知学習心理学．北大路書房，1990．

チンパンジーの言語訓練

F.パターソン・M.リンデン：ココ，お話しよう．動物社，1984．
D.プレマック：チンパンジー読み書きを習う．思索社，1978．
H.S.テラス：ニム　手話で語るチンパンジー．思索社，1986．

言語の専門書

大津由紀雄：認知心理学3　言語．東京大学出版会，1995．

5

学習 －行動のコントロール－

1. 学習と勉強は別のこと

　学習というと学校での勉強を思い浮かべる人が多いだろう．勉強とは先生が教えてくれる知識を理解，記憶することである．このような，言語的な指示にしたがって知識を得るという作業は学習のほんのわずかな部分を占めているに過ぎない．学習の大部分は行動の習得であり，それは言語的な指示なしで行なわれる．

　たとえば，0歳の赤ん坊は言語を理解できないが，お母さんの声や顔を識別できる．これは，乳児がお母さんの顔とほかの人の顔の違いを学習したことを意味している．動物の場合を考えてみよう．牛の放牧場には電気を流した電線が張られていることがある．牛はこの電線に2，3回触れて痛い思いをするかも知れない．しかし，何度かこのような経験をすれば電線には近づかなくなるだろう．これは牛が電線を不快なものであると学習したことを意味している．これらの例はいずれも言語的な指示が与えられずに行なわれる学習である．

　心理学では知識を学ぶ作業については，記憶や思考の分野で扱っていて学習の分野ではほとんど扱わない．これから紹介する学習は，言語的な指示なしで行なわれるものである．学習の研究では，人間や動物に共通する一般的な学習の基本構造を探っている．

2. 学習の基本パタン

　筆者が一時住んでいたアパートではガスの瞬間湯沸器がついていた．シャワーを浴びるときにはそれを利用した．そのアパートの水道の水圧は周期的

に変動し，水の出る勢いがあがったりさがったりした．引っ越してはじめてシャワーを使ったとき，突然お湯の温度が異常に熱くなった．これではたまらないのであわてて蛇口を閉めた．もう一度お湯を出してみて，熱い思いをした理由に気がついた．つまり，水圧が低下すると瞬間湯沸器を通過する水の速さが遅くなるのでよけいに熱くなってしまっていたのだ．ここにひとつの基本的な学習の型がみられる．それは，水圧の低下とお湯の温度の上昇とのあいだに関連があることを見つけ出したということである．

　さて，このままではしょうがない．といって，まともにシャワーを浴びていればまた熱いお湯を浴びることになる．そこで，水圧が低下したときにはそのあとシャワーが自分の体に当たらないように向きを変え，水圧がもとに戻ってからまたシャワーを身体に向けることにした．これで熱いお湯からのがれられた．ここにもうひとつの基本的な学習の型がある．それは，シャワーの向きを変えるという行動によって熱いお湯がかかるのを避けられることに気づいたことである．

　この場面にはふたつの学習がみられた．ひとつは，水圧の低下とお湯の温度の上昇との関係を見つけ出すという学習であり，もうひとつは，シャワーの向きをかえる行動によって，つぎに起こるできごとをコントロールするという学習である．以上の2種類の学習の型をもう少し専門的に表現するとつぎのようになる．

(1) ある事象がどの事象の後に続いて起こるのかに気づく．すなわち，事象間の関係の把握である（できごとは一般的に事象とか刺激とよばれる）．

(2) ある行動の後にはどんな事象が起こるのかに気づく．すなわち，行為の結果の把握である．

　これらのふたつの種類の学習をしめす別の具体例をあげると，
「稲妻がぴかりと光ると，雷の音を恐れて身構える」この場合は稲妻の光と雷の音という事象間の関係を理解したと見なせる．
「ジュースの自動販売機の前に立ったときに，自分の好みのジュースを買うために，それに対応したボタンを押す」
　これは，対応するボタンを押すという行為によって好みのジュースが出てくるという事象が起きることを把握していると見なせる．

これら2種類の学習に共通する特徴は、関連を見いだすことである。ふたつの事象が時間的、空間的に離れて生じる場合には、関連を見いだすことは事象を予測することでもある。われわれ人間だけでなく、動物であっても、無脊椎動物の昆虫でさえ、このような学習が成立する。また、人間の場合にはおとなだけでなく、生後数日の乳児でさえ、このような学習が成立する。これらのことから2種類の型の学習は学習の基本パタンであることがわかるだろう。以下ではこれらの学習について順にくわしく紹介する。

3. 事象間の関係の理解：パブロフ型条件づけ

事象間の関連を把握させる学習は、発見者のパブロフにちなんでパブロフ型条件づけ（古典条件づけ）Pavlovian conditioning とよばれている。パブロフ型条件づけの例をパブロフ自身による犬を使った実験例で紹介しよう。

パブロフの初期の研究は犬の消化器に関する研究であった。犬のあごに手術を行い、唾液腺からの分泌物を分析していた。犬には毎日同じ人がほぼ同じ時刻に餌をやっていた。餌を与えると唾液の分泌はさかんになる。パブロフはおもしろいことに気づいた。餌を

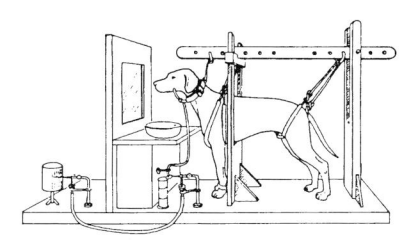

図5-1　パブロフの犬の図

与える人の足音を聞いただけでも犬は尻尾を振ったり、唾液をさかんに分泌させたのである。もともと、この犬は足音を聞いただけでは唾液分泌を生じさせることはなかった。なんども餌をもらうにつれて、犬にとって足音は餌を予告する手がかりとして機能するようになった。すなわち、足音と餌という2つの事象間の関連性が把握されたとみなすことができる。

専門的な用語で説明すると、餌（無条件刺激）は、唾液分泌という無条件反応を引き起こす。一方足音（条件刺激）は注意を引きつけるという無条件反応を引き起こす。足音と餌が対提示されたので、唾液分泌は足音に対する条件反応になった。

パブロフ型条件づけを使った研究からさまざまな現象が明らかになってい

実験神経症

よく似た刺激の弁別を行なわせると，極度のストレスがかかり，その実験場面において恐怖感や攻撃性などの異常行動をしめすことがある．これを実験神経症 experimental neurosis とよぶ．この現象はパブロフが犬を被験体とした実験から明らかにした．その実験では，最初は楕円と円の図形を犬に見せ，円を見せたときだけ餌を与えるという訓練を行なった．つぎに楕円をしだいに円に近づけていって円と区別しにくくしたところ，イヌはそれらの図形を区別できなくなったばかりか，おちつきをなくし，異常な興奮をしめすようになった．そこで最初に戻って楕円と円を見せたが，まったく区別できなかった．このような現象は，イヌが実験場面に嫌悪感をもつため生じたと考えられている．

ガルシア効果

友人のひとりは中華料理のエビのチリソース煮が苦手である．食べたいのだが，食べると気分が悪くなるという．原因に思い当たることがあるらしい．小学生のとき，誕生日に大好物のエビのチリソース煮を作ってもらい，たくさん食べた．ところがそのとき，かぜをひいて体調が悪かったせいで，お腹をこわしてとても苦しい思いをした．それ以来どうしてもエビのチリソース煮が食べられないという．本人もお腹をこわした原因はかぜのせいであって，エビのチリソース煮がいたんでいたわけではないことを頭ではよく理解しているが，それでも食べると気分が悪くなるという．

	無条件刺激	
手掛り	気分不快	電撃
味覚	回避	—
視・聴覚	—	回避

図5-2　ガルシア効果の図

実はこれは味覚嫌悪学習 taste aversion learning とよばれる一種のパブロフ型条件づけの例である．もともとこの現象は，ガルシアという心理学者がネズミを被験体とした研究から発見したものであり，ガルシア効果ともよばれる．味覚嫌悪学習には，他の条件づけとは異なった特徴

がある．ひとつは，たった一回の経験で条件づけが完成してしまうことである．もうひとつは，この効果が実に長い間持続することである．人間にとっても動物にとっても，危険な食べ物と安全な食べ物を区別するということは，生きていくうえできわめて重要なことである．たった一度の経験で，危険な食べ物を避けるように学習できることは，すぐれた自己防衛能力であるといえるだろう．

学習性の無力感

一生懸命努力して勉強しても先生がまったく評価してくれなければ，どのような気分になるだろう．なにをやっても無駄だと感じ，やる気を失うだろう．もし先生が変わったら，気分も新たにやる気が起きるだろうか．

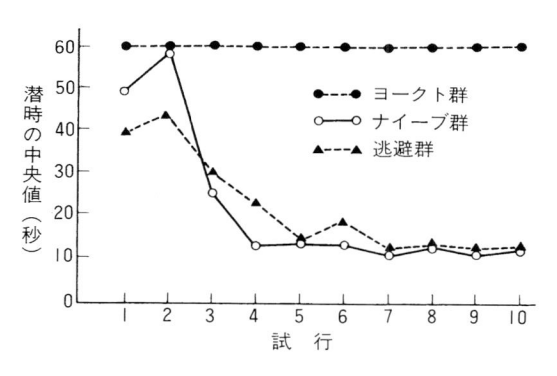

図5-3　学習性無力感

それとも，この先生もどうせまた駄目だろうと，やる気が失われたままだろうか．

このような場面で起こる行動について，イヌを被験体として実験が行なわれた．実験装置は，ついたてでふたつに仕切られている実験箱である．最初に，仕切られた一方の側に閉じこめて，そこから逃れられない状態で，床から電気ショックを与えた．この罰訓練をしばらく続けたあとで，ついたてを低くして，電気ショックが与えられたら仕切りのもう一方の側に逃れられるようにした．ついたては，はじめて実験箱に入れられたイヌであれば，簡単にまたぐことができる程度の高さだった．ところが，罰訓練を受けたイヌは，逃れられる状態になっても逃れようとする行動をまったくしめさなかった．この現象は学習性無力感 Learned helplessness とか学習性絶望感とよばれている．

うつ病や学習不振は，この学習プロセスによって生じるという説もある．

つまり、これらの不適応行動は、なにをやっても駄目だという経験をしたために生じた状態だと考えられる．

4. 行為とその結果の理解：オペラント条件づけ

パブロフ型条件づけで学習される反応は，唾液分泌や恐怖反応などである．これらの反応は，意識的に行なわれるものではなく，特定の刺激によって自動的に引き起こされるものである．そのため，その反応は誘発反応ともよばれる．また，それは自分の意志ではどうしようもできない反応でもあるので，不随意反応 involuntary response とよばれることもある．

不随意反応は，環境内にもともと存在している刺激によって生じるものである．この場合，動物の側はもっぱら受動的に条件づけられるだけで，積極的に環境を変容させることはない．

しかし，動物は，与えられた環境にあまんじて耐えているばかりではなく，積極的に環境の中で行動して，環境の刺激構造を変化させることもある．たとえば，パブロフの犬は足音が聞こえたらさかんに吠えたてて，餌係の人になんだろうと思わせて，よりはやく餌を持ってこさせることができるかもしれない．このように，自分のおかれている状態をより快適にするための適切な行動を見つけ出すことも，学習のひとつである．そのような学習をオペラント条件づけ operant conditioning とよぶ．

オペラント条件づけでは学習されることは行動（行為）である．赤ん坊が泣くという行動を例に，オペラント条件づけについて説明する．

赤ん坊は空腹や苦痛など不愉快なことがあると泣きだす．泣いたときにはお母さんがなにかと面倒をみてくれて，赤ん坊は快適な状態になるとする．このようなやりとりが繰り返されると，赤ん坊は，泣けば快適になるということを学習する．そして，快適な状態をもたらすような行動はますます生じやすくなる．

もしも，泣いてもお母さんが世話をやいてくれなければどうなるだろうか．泣いても快適にならなければ，泣くという行動は無益なことであり，そのような行動は少なくなることが予想できる．養育院のような施設で育った子ど

もはあまり泣かないといわれるが、その原因は、人手不足で赤ん坊の世話が十分ではないからだとも考えられている．

　オペラント条件づけが生じるための重要な条件はふたつある．ひとつは、行動とその結果が時間的に接近していることである．泣いてから1時間後にあやしても効果があるとは思えないだろう．ふたつめの条件は、行動と結果の結びつきが、なんども経験されることである．たった一回の経験ではその行動と結果の間に関係あるかどうか確信をもてないだろう．

オペラント条件づけの学習過程

　オペラント条件づけにおける学習過程をもう少しくわしく説明しよう．オペラント条件づけの学習過程は、次のような3段階から構成されている．

1．人間や動物は自発的にさまざまな行動を行なっている．この行動は**オペラント反応**とよばれる．赤ん坊の場合、泣くという行動はオペラント反応である．
2．行動によって環境に変化が生じて、生体は有益、あるいは有害な結果を受けるとする．この結果が有益であれば**正の強化**とよばれ、有害であれば**負の強化**とよばれる．泣く行動は、あやしてもらうという正の強化を受ける．
3．正の強化が与えられれば、そのオペラント反応の出現頻度が増加し、負の強化が与えられれば、出現頻度が減少する．泣く行動は正の強化を受けるため、自発されやすくなる．

　たとえば、宴会でカラオケを歌うとする．その行動を、仲間がほめてくれたら、もっと積極的に歌おうとするだろう．もし、仲間にけなされれば、あまり歌わなくなってしまうだろう．

　この例からわかるように、オペラント条件づけには、行動をコントロールする強力な機能がある．しかもそれには言語的な指示は必要ない．この機能のために、オペラント条件づけの手法はおとなの人間に限らず、動物や言語能力が未発達な乳幼児や、知的能力のいちじるしく劣る精神遅滞者の行動のコントロールにも利用可能である．

オペラント条件づけの訓練手順

オペラント条件づけを実際に適用して行動をコントロールするための方法がいくつかある．ここでは，逐次接近法 method of successive approximation とよばれる訓練手法を用いて，ネズミのオペラント条件づけを行なう方法を紹介する．

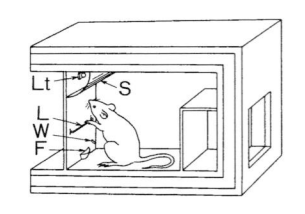

図5-4　ネズミのオペラント実験箱

ネズミに学習させたい行動はレバーを押すことである．元来ネズミはレバーを押すような行動を自発的にすることはないので，訓練が必要になる．第一段階ではネズミがレバーの方向を向いたときに餌を与えるようにする．この訓練を続けると，ネズミはもっぱらレバーの方向に向いているようになる．そうなったら次の段階に移る．つぎはレバーの方向に向いただけでは餌を与えず，レバーに近づいたときに限って餌を与えることにする．するとネズミはレバーに近づくことが多くなる．そこで次の段階に移り，レバーに触れたときにのみ餌を与えるようにする．このようにして最終的にレバーを押すことを学習させることができる．

この例のように目的の行動が自発されにくいものの場合，最初から目的の行動を行なわせようとするのでなく，その行動の構成要素のなかで，自発されやすいものから逐次訓練を行なうという方法が有効である．

オペラント条件づけが行動を強力にコントロールできることが理解されただろうか．つぎに精神病院の患者の行動をコントロールする訓練の実験例を紹介しよう．

精神病院でのオペラント条件づけ

その病院の食堂はセルフサービス形式で，ナイフとフォークとスプーンをおぼんに載せてから，カウンターに並んで食べ物をもらうという手順になっていた．たいていの患者はこの通りに行動するが，48人のうち18人はナイフなどをとるのを忘れてしまい，食べ物を手づかみで食べてしまう．オペラント条件づけはこの誤った行動を直す目的で導入された．その訓練の手順は次

の通りである．

　最初に食堂の受付で「ナイフ類をとって下さい」という表示を出した．すると18人のうち70％の人が正しくとるようになったが，そのままこの方法を続けていたところ25％に低下してしまった．そこで，その表示に加えて，ナイフ類がおぼんにそろっていなければもう一度列のうしろに並ばせるという手続きを導入した．うしろに並ぶと，食事をもらう時間が多少（5分間）遅れるため，この操作は負の強化として機能することになる．この負の強化のおかげで，ナイフ類を正しくとるという行動が学習され，すべての患者がナイフ類をきちんととるようになり，しかもその効果はその後も持続した．

　この実験で注目したいことは，表示という言語的な指示に効果がない場合でも，オペラント条件づけは効果的であったということである．この例からも，人間の行動がオペラント条件づけによってよくコントロールされることがわかるだろう．オペラント条件づけが成立する基本的条件として，自分の状態がどのように変化したか評価できること，変化を生じさせた原因はどの行動か判断できることがあげられる．オペラント条件づけが可能だということは，このような能力が備わっていることを意味している．

5．オペラント条件づけのさまざまな現象

迷信行動

　迷信行動 superstitious behavior とは，たとえば試合に行くために家を出るとき，右足から出ていったら勝ったため，その後試合のときは右足から出て行くように気をつける，という行動である．つまり，ある行動をしたり，たまたまあるできごとが起きたときに，それらの間に関係があると思いこみ，その行動が繰り返されることをいう．いわゆる縁起をかつぐというのが迷信行動のことである．迷信行動は人間ばかりでなく，動物実験でも見られることがある．

　ハトを使ったオペラント条件づけの実験で，ハトを実験箱に入れ，ハトがキーをつつくとある規則にもとづいて餌をやる訓練をする．その規則は，たとえば一度キーをつついてから最低10秒間はキーをつつくのを待っていな

ければならないというものである．10秒以上してからキーをつつくと，餌がもらえるが，もし我慢できずに早まってキーをつつくと餌はもらえずにまた10秒待たなければならない．このような手続きのもとでは，ハトは一度キーをつつくと実験箱の中をぐるりと回って歩いてから再びキーをつつくという行動をしめす．もちろん，餌をもらうのに歩き回る必要はないので，これは無駄な行動である．歩いて回るとちょうど10秒程度経過するため，このような行動が行なわれるようになったのである．ハトは餌をもらうためにはこの行動が必要だと思っているのかもしれない．

6．パブロフ型条件づけとオペラント条件づけの相違

パブロフ型条件づけとオペラント条件づけを比較して表5－1にまとめた．この表では相違点を指摘したが，もちろん共通点もある．共通点で最も重要なことは，どちらの条件づけも人間や動物が，与えられた環境のなかで，自分に利益をもたらすような行動を学習していることだろう．足音で唾液が分泌されれば餌を消化する状態が準備でき，つごうがよいだろうし，母親がいるときに泣くことが自分にとって好ましいということを学習すれば，母親のいないときにも泣くという非効率的な行動はしなくてすむ．

表5－1　二種類の学習の型の比較

パブロフ型条件づけ	オペラント条件づけ
誘発刺激　→　条件反応 （足音）　　　（唾液分泌）	合図刺激　→　反応　→　強化 （母親の声）　（泣く）　（母からの世話）
刺激は強制的に反応を誘発する	先行する刺激は反応を起こす合図となる
反応は不随意，意識的統制不可	反応は自発的

7. パブロフ型条件づけとオペラント条件づけの相互作用

　ふたつのタイプの条件づけはまったく別のものとして紹介されることが多いが，現実の学習は，これらふたつの条件づけが密接に関連し合いながら進行している場合が多い．つぎに紹介するカモメの餌づけショーはその例である．

　カモメの餌づけショーでは，餌係が鐘をならすと，鐘の音を聞きつけて大勢のカモメが飛んで来て鐘の回りを旋回する．餌係が餌の魚を投げ与えるとカモメはそれを空中でキャッチし，客の喝采をあびるという趣向になっている．

　カモメは鐘の音に引き続いて餌をもらうという経験を何度もすると，鐘の音だけで餌を期待して唾液分泌が生じ，餌を食べるための身体的準備ができるようになる．これはパブロフ型条件づけと見なすことができる．さて，はじめて鐘の音を耳にしたとき，たまたまそこを飛び回っていたカモメは苦労せずに餌にありつくことができた．これが繰り返されると，鐘の音がなっているときに飛び回るという行動が強化されて学習される．これがオペラント条件づけが関与している部分である．このように，現実の学習にはふたつの条件づけの両方が関わっていることが多い．

8. 条件づけの応用

　条件づけの手法は生活のさまざまな面に応用されている．なかには，自分ではそれとは知らずに利用しているものもあるかもしれない．

パブロフ型条件づけによりあがりを防ぐ
　競技会などであがってしまって実力が発揮できなかったことはないだろうか．なかには，人前であがってしまってうまく話すことができない人もいる．自分の気分をコントロールするために，パブロフ型条件づけが利用されることがある．まず，好きな音楽を流したりしておちつける環境を整える．その

環境にいると気分がリラックスするように習慣づいたら、自分があがりやすい場面を想像してみる。これは、リラックスする環境とあがりやすい場面を同時に経験させることによって、あがりやすい場面に対してリラックスする気分を条件づけることを意図している。この手法はイメージ・トレーニングとしてオリンピック選手に対して実際に利用されているが、長期的な訓練が必要とされるようでもあるし、あがりやすい場面を現実的に想像できないと効果が小さいというむずかしさもあるようだ。

オペラント条件づけによるアルコール依存症の治療

アルコール患者は家庭や職場で酒を飲むことによって快適な気分になる。これでは飲酒行動が強化されていることになり、いくら病院で飲酒癖の治療をしても家庭に帰れば元に戻ってしまう。そこで病院内に家庭や酒場を思わせるバーを作り、わざと少し飲ませて電気ショックを少し与えて、日常場面での飲酒行動に負の強化を与える方法が試みられた。これで飲酒行動が少なくなっていき、しかもその効果は家庭生活に戻っても維持されることがしめされた。

自閉的子どもの治療

幼稚園でほかの子どもとうまく遊べず孤立している子どもの治療にオペラント条件づけが利用された。孤立児はひとりでいると先生が優しくしてくれるため、ひとりでいる行動が強化されていると見なすことができた。この強化パタンを変えて、ひとりでいることが負の強化を受けて、みんなと遊ぶことが強化されるようにすれば行動が変化すると予測された。そこで、その子どもが友達の方を見たら先生がにっこりとほほえんであげるようにした。次の段階では友達の方に近づくと好意的に注意を向けるようにし、仲間にはいらなければその子どもを無視するようにした。その結果、約10日で友達への接近が増加し、2週間続けたところ、自発的に友達と遊ぶようになった。

さらに学びたい人へ

学習の入門書

三宅　進・宮本健作：心理学ウオッチング，学びのメカニズム．ブレーン出版，1988．

岩本隆茂ほか：現代学習心理学．川島書店，1989．

山内光哉・春木　豊：学習心理学，行動と認知．サイエンス社，1985．

条件づけの専門書

J. E. メイザー：メイザーの学習と行動．二瓶社，1996．

第1編　心理学の基礎

6 動機づけと感情－感情に左右される人間－

1．動機づけとは

　人間の行動には，なにかしら目標がありそうに思われる．授業に遅れないように足早になったり，恋人に会いたいためにはるばる国境を越えたり，人より先に頂上にたどり着きたいために命がけの登山をすることさえある．

　人間以外の動物の場合にもやはりなんらかの目標があって行動を行なっているように見える．クジャクはメスの気を引こうと重い羽を持ちあげ，鳥類やチョウの中には快適な生活場所を求めて海を越えて数百キロもの移動をするものもある．

　人間や動物は目標を持ち，それを達成しようとする要求が生じて行動が行なわれているようである．その行動を起こさせ，維持させる原因が人間や動物のなかに存在しているときには，その原因は動機 motive とよばれ，動機が行動に作用する過程のことは動機づけ motivation とよばれている．

2．生命の維持と種の保存

　人間や動物は自分の生命を維持するために食べ物，水，酸素や休息を得なければならない．生理的な状態は変動しやすく，それが乱れたときにもとに戻すことが必要になる．生体にはこのように生理的な状態を一定に保ち続ける仕組みが備わっていると考えられ，そのような生理的機構はホメオスタシス homeostasis とよばれている．ホメオスタシスの作用は，生体の生理的な状態が乱れているときにはじまり，生理的な状態が元にもどったときに終結する．

　実際のホメオスタシス作用は，たとえば水分が不足している動物が水を飲

むような，外から観察できる行動で行なわれることもあるし，血液中のカルシウムが不足すると骨からカルシウムが放出されるというように，行動には現われずに行なわれることもある．

摂食行動と摂水行動

　人間や動物の摂食は，エネルギーや栄養のバランスを調整しようとするホメオスタシス機構によって支配されると考えられている．長時間食事をしなければ空腹感を感じ食事をしたいと思うだろう．そのメカニズムについては，おそらく内臓器官や脳の視床下部でエネルギーや栄養状態が監視され，そのときに空腹状態が検出されれば，摂食行動が生じるのであろうと考えられる．

　ネコを使った実験では，視床下部の外側を破壊されるとネコは餌をまったくとらなくなり，視床下部の内側を破壊されると通常の3から5倍もの過食をするようになる．また，ある特定の場所で水を飲むことをあらかじめ訓練されているヤギに対して，視床下部を電気的に刺激すると，すぐに階段を上がってそこに行き摂水行動を始めたという．

　摂食がホメオスタシス機構で制御されるということは，たんに摂食の量が制御されることだけではなく，タンパク質，炭水化物，脂肪，ビタミンといった栄養素のバランスが制御されることも意味する．たとえば，ネズミをビタミンB_1不足の状態にしてから，2種類の食べ物を自由に摂取させると，数日後にはビタミンB_1を多く含んだ食べ物を好んで食べるようになる．また，ビタミンB_1不足の状態で炭水化物と脂肪を選択させると，ビタミンB_1なしでも消化吸収されやすいため，脂肪の方を好んで食べるようになる．これは**特殊飢餓**とよばれる現象であり，摂食の動機づけにホメオスタシス機構が重要な役割を果たしていることをしめしている．

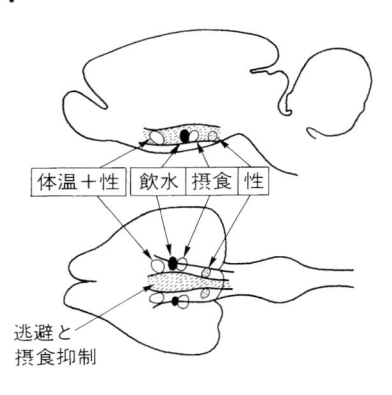

図6-1　ネズミの視床下部

しかしながら，人間や動物の摂水や摂食の機構は，ホメオスタシス機構だけでは説明しきれない．たとえば，そのとき栄養が不足していなくても，あとで栄養が欠乏しそうだと予期して食欲がでることがある．

たとえばネズミを毎日15時間絶食させ続けると，最初は絶食直後にたくさん摂食するが，数日すると絶食の直前に多量の食物を摂取するようになる．これは，ネズミが長い絶食時間を予期して，空腹でないにもかかわらず，それに備えて食欲がでるようになったと考えられる．

社会的促進

さらに，食事をする場面や食事の味といった，生理的な状態とは関係ない外部的な要因も摂食行動に影響を与える．たとえば，屋外でバーベキューをすると，室内で食事するときよりも食欲がわくという経験をしたことがあるだろう．また，大勢で食事をすると，ひとりで食事するときでは考えられないほど多く食べることがあるだろう．ニワトリの例では，一羽だけで摂食させて満腹にさせた後で，多数のニワトリが餌を食べている場所に移すと，ふたたび摂食が行なわれることが知られており，このような行動を社会的促進とよんでいる．

栄養素の摂取に関しても，ホメオスタシスとは関係ない行動が見られることがある．たとえば，味に関しては，糖分は十分摂取しているにも関わらず甘いものを食べたいために，甘いがほとんど栄養のない飲料水を飲む人もいる．

食欲に関しては肥満の起きる機構がさかんに研究されている．肥満になる原因として生理的な機構も検討されているが，外的刺激の影響も注目されている．

肥満者の食行動

肥満者の場合，そうでない人に比べると，食欲が外的な刺激に左右されやすいことが明らかになっている．これは自分の内的な状態に鈍感であるともいえるだろう．ある実験では，肥満者と正常体重の大学生を対象として，恐怖感情や満腹状態が食欲に及ぼす影響が検討された．すると正常体重の大学生の場合，食事の量が低下したが，肥満者の場合影響がまったくなく通常の場合と同様の食事量をしめした．このことから，肥満者には自分の胃の状態

や，感情状態といった内的な状態には，あまり影響を受けない人が多いことがうかがえる．

摂食を引き起こす動機づけは，動機づけのなかでもっともさかんに研究されている．その原因についていくつもの例をあげて説明してきたが，決定的な原因をひとつだけあげるようにいわれると，実は答えは簡単には出せない．というのは原因が多様すぎてひとつに絞りきれないのである．

ひとつの可能性は胃の状態である．空腹になると胃が収縮することから，胃の収縮感が空腹感を引き起こすという可能性が指摘できる．胃に風船を入れて膨らませることによって胃の収縮感を制御する実験では，胃の状態によって摂食量が影響を受けることがしめされている．

血液中の血糖濃度

しかし，胃を切除したり，胃から発する感覚神経を切除しても空腹感がなくならないことから，胃の収縮感だけでは空腹感を完全には説明できない．

血液中の血糖は脳の主要な栄養源である．血糖の濃度も摂食の動機づけに影響を与える可能性がある．空腹状態の動物の血液を満腹状態の動物に輸血してみると，空腹時と同様に胃の収縮活動が生じる．その逆の場合，つまり満腹状態の血液を空腹状態の動物に輸血すると，胃の収縮が止まることが明らかにされている．人間の場合にも，血液中の血糖の利用を阻害する薬物を投与して，そのことが確かめられている．その実験は4時間続き，その間ずっと薬物が投与され，空腹に関連する心身状態が測定された．その結果，薬物を投与すると心拍の上昇や，発汗の増加，水や食物の摂取量の増加が現われた．これは血液中の血糖量が，摂食の動機づけに影響を与えたことを意味している．

しかし，実験で制御した血糖量の変化に比べて，現実の空腹時の血糖量の変化はわずかなものであるため，この実験結果を現実の空腹感の説明にそのまま用いることはできない．

子孫の保存の要求

摂食と摂水は，どちらも人間や動物が自分自身の生命を維持していくのに必要不可欠な行動である．自己の生命維持と同じくらい重要なのが，自分の

子孫をのこすことである．そのような目標に向けられた代表的な動機づけが性行動である．

性行動

　性行動は，ホルモンや，特有の臭いや，異性の存在によって誘発される．内的な欠乏状態から誘発されるわけではないので，摂食や摂水といったホメオスタシスの維持とは多少異なっている．性行動の場合には摂食や摂水と同様，あるいはそれ以上に，経験や学習の要因が重要な役割をはたしている．

　卵巣や精巣，脳下垂体，副腎から分泌される各種のホルモンは性行動を制御する重要な要因である．メスの性行動に関しては，ネズミの場合，卵巣を除去してしまうとオスを受け入れなくなり，数日もすると発情のようすが消失してしまう．一方，サルの場合は発情がなくなるまでに3カ月という長期間を要し，人間にいたっては卵巣を除去しても性行動にはほとんど変化がない．このことからサルや人間では，卵巣からのホルモン以外の要因が性行動に大きな影響を与えていると考えられる．

　オスに関しては，精巣を除去した場合には，ネズミやイヌ，サルといった動物では，その後もかなり長く性行動が持続することが知られている．対照的に人間では，1年で3分の2の人が性行動を行わなくなり，女性の卵巣除去の効果に比べると大きな効果が現れる．

　性行動に影響を与える外的刺激のなかで，もっともよく知られているのが臭いである．多くの哺乳動物で嗅覚刺激の効果が確かめられている．ただし，嗅覚刺激が有効に作用するのは，すでに性経験のあるオスに限られることがネズミで確かめられている．

　生育条件や性行動の環境といった社会的な要因も性行動に影響を与える．群から孤立して育ったオスの動物は，性行動に興味をしめさなかったり，性行動がうまくできないという異常をしめし，サルのメスの場合にも性行動に異常が生じる．社会的促進効果としては，ひとつの実験箱に1組のネズミを入れてある場合よりも，3組入れたときの方が性行動の頻度が高まることが知られている．

3. 動機づけの強さの測定法

　動機づけの強さを数量的に表わす方法として，摂食や摂水であれば食事や水の摂取量，性行動であれば交尾の回数などが用いられる．この方法では摂食と性行動といった異なった種類の動機づけの強さの比較はできない．そのような比較を行なう方法として次のような手法が考案されている．

　たとえばネズミを対象とした実験の場合，走路を用意して，食物や水，異性といった動機づけの対象となるものを目標地点におき，走路の途中に障害となるものを設定する．もしも摂食にたいする動機づけが強ければ障害を乗り越えてでも目的地に行くはずである．その障害を越えて行くかどうか，何度までそれを繰り返すかを測定することによって動機づけの強さが推定できる．たとえば，障害物として通電した金網の床を設定し，痛い思いをしても目標地点にたどり着くかどうかで動機づけの強さを測定できる．このような方法で摂水，摂食，性行動についての動機づけの強さを測定し比較してみた．動機づけの対象となるものを与えずにおく期間（剝奪期間）を1日から7日間までに設定してみると，摂水と摂食の動機づけについては，剝奪期間が1日か2日間のときにもっとも強く，6日，7日という長期間のときにはかえって弱くなった．性行動の場合は摂食や摂水の場合とは違って，何日であっても動機づけの強さはほとんど変わらなかった．

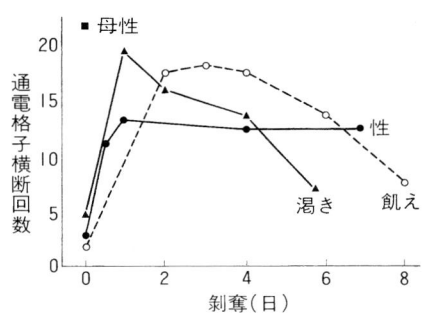

図6-2　動機づけの種類と強さ

4. 内発性動機づけ

　先ほどの通電した床を障害物とした実験では，ネズミは目標物がなくても数回は目的地まで行くことがある．これはなぜだろう．人間や動物ははっき

りした報酬なしでも行動を行なうことがあり．これは行動すること自体が動機づけの目標となっていると考えられる．たとえば，人間は食事やお金のような報酬がないにも関わらず，ドライブしたり，テニスやスキーを楽しんだり，旅行をしたりといった行動を好んで行なう．これらの行動は興味，好奇心，刺激を求める気持ちによって引き起こされると見なされ，内発的動機づけによって誘発されるといわれる．

　動物の場合にも，箱からコインを取り出して，それを自動販売機に挿入して餌の豆をもらう学習をサルに行なわせると，最初は餌を食べるためにコインを使うが，満腹するとコインを取り出しても自動販売機には入れずに，遊び道具として使いはじめる．この場合，「コインで遊ぶこと」という内発的動機づけによって，コインを手に入れる行動が維持されていると見なせるだろう．

　また，レバーを押すと窓が開いて外のようすが見られるという手続きをサルに学習させると，餌や水の報酬がなくても，レバー押し行動が続くことが知られている．これは，「外のようすを見る」という好奇心によって維持される行動である．このような新奇な視覚刺激や聴覚刺激を求める内発的動機づけのことは，とくに感覚性動機づけ sensory motivation とよばれる．

感覚遮断実験

　日常場面では，努力しなくてもさまざまな情報が目にはいり，耳にはいってくるために，見たり聞いたりしたいという動機づけの重要性には気がつきにくい．それらの感覚を最小限にして生活してみると，その感覚の重要さが明らかになる．実験では被験者は乳白色の目隠しと耳せんをさせられ，身体全体を厚いフォームラバーで巻かれて，視覚刺激，聴覚刺激，触覚刺激が極力制限された状態で，防音室のベッドに横になっていることを要求された．この実験は感覚遮断実験とよばれる．

　被験者たちは，ただ寝ているだけでかなりの報酬がもらえると聞いて，喜んで実験に参加したが，精神的苦痛のためにわずか2，3日しか我慢できなかった．さまざまな感覚刺激を受けるということは，人間にとってきわめて重要であり，一種の報酬として機能している可能性もあるだろう．

5．社会的動機づけ

　人間にとっては人に認められたいという目標や，自分の主義を守り通したいという目標もまた重要な動機づけである．これらの動機づけは，これまで述べてきた生理的，感覚的な動機づけに対して，**社会的動機づけ** social motivation とよばれる．人間は命をかけても名誉を守ろうとしたり，信条のために自ら絶食することもあるように，ときには生理的な動機づけを犠牲にしても社会的動機づけを満足させようとすることがある．

やる気と目標設定

　クイズに挑戦するとしよう．難易度は中学生程度，大学生程度，スペシャリスト用とあるとする．どの難易度を選ぶ人がもっともやる気があると判定できるだろうか．

　この種の問題について，輪投げゲームを使った実験による分析がある．このゲームのルールは輪を投げる回数は10回で，投げる距離は自分で自由に選ぶことができ，遠くから投げてはいったときのほうが得点が大きくなる．あらかじめ質問紙を使って，成功したいという動機づけの程度を調べておき，動機づけの強さと投げる位置との関係を分析した．すると，動機づけの強い人は中間の距離から投げ，弱い人は近くから，あるいは遠くから投げる傾向があった．

　やる気があり，失敗を恐れない勇敢な人であれば，遠くからむずかしい輪投げにいどむように予想したかもしれない．実際には，やる気のある人はむやみにむずかしい課題に挑戦するのではなく，自分のできそうな範囲の課題を選び，できそうもないむずかしい課題を選ぶのは，むしろやる気のない人であることがしめされている．これは，やる気のある人は失敗してもそれを自分のせいだと見なす傾向があるため，適度にむずかしい課題を選び，やる気のない人は，失敗した場合に非難されるのを恐れて，たとえ失敗してもその原因が自分の能力とは関係ないと見なされる課題を選ぶ傾向があるからだと解釈されている．

6. フラストレーションとその解消

フラストレーションとは動機を満足させようとしたが，それが妨げられて困った状態になっていることをいう．動機の充足が妨げられる原因としては物理的障害と社会的障害があげられる．楽しみにしていた旅行がストのせいでとりやめになってしまったとか，勉強したいのに友人から遊びの誘いがきたというのはその例である．

人間は，ある目標が達成されればさらにむずかしい目標を設定したりして，たえまなく新しい目標を設定しながら生きている．したがって，生活の中では多かれ少なかれフラストレーションが起きるものである．フラストレーションが避けられないものであれば，それに抵抗したり，やり過ごす能力が人間に備わっていても不思議はないと想像できる．

フラストレーション状態におちいったときの人間の行動として，つぎの3種類があげられる．ひとつは，動機の充足を妨げている相手を攻撃したり，自分自身を痛めつけるという**攻撃行動**である．ふたつめは，夜尿のような幼稚な行動が現われる**退行現象**である．さいごは，無意味で役にたたない行動を繰り返すという**固執傾向**である．これらの分類は，フラストレーション場面で観察される行動を分析した結果考えられたものである．

動物の場合にも，フラストレーション場面では興味深い行動がみられる．母親鳥がヒナを育てているところに人が近づくと，母鳥としては逃げたいという動機づけと，ヒナを敵から守りたいという動機づけのいたばさみになる．母鳥は実際には，羽づくろいというその場に必要とされる行動とはまったく関係のない行動を示す．これは，真空活動 vacuum activity とよばれ，逃げる動機づけと守る動機づけの両者が互いに抑制しあうために，それらのかわりに習慣的行動が出現してしまったものと考えられている．これなどは，人間のしめす固執傾向と同様なものとみなすことができるだろう．

精神分析学の分野では，人間は満たされない欲求を無意識のうちに満足させていると仮定している．たとえば，動機をむりやり考えないように，無視するようにする抑圧，列車に乗り遅れた場合，あとの列車のほうがすいてい

るから乗れなくてかえってよかったと，もっともらしい理由をつける**合理化**，攻撃したいができないのでかえって過度に親切な行動をとるという**反動形成**，自分のよこしまな気持ちを，ほかの人に代弁させる**投影**，親に叱られた腹いせにイヌに当たり散らすという**置き換え**，フラストレーションを芸術活動に向けるのが**昇華**，ある能力が劣っていることによるフラストレーションを別の能力を身につけることで解消する**代償**があげられている．

　精神分析学で提案されたこれらの概念ははっきりとした定義がなく，どのような行動がそれぞれの概念と対応するのか，予測するための客観的基準がないという曖昧さがあるため，心理学ではあまり省みられない．

7．コンフリクト

　海水浴もいいが，登山もいい，どちらにしたらよいか迷ってしまう．テレビゲームをしたいが，お母さんに叱られるからやらないほうがよいだろうか，迷ってしまう．これらの例のように，互いに相反した2つの動機があり，それらがどちらも同じくらいの強さであるため，どちらの動機を満足させるか決定できない状態はコンフリクト conflict とよばれている．動機づけは，接近したいという方向と回避したいという方向に分類できる．接近と回避の組み合わせによって，コンフリクトは以下の3種に分類される．

　接近－接近型のコンフリクトはアメリカにも行きたいし，ヨーロッパにも行きたいというように，接近型のふたつの動機づけの選択を迫られている場合のコンフリクトである．回避－回避型のコンフリクトは，雪のなかを学校に出かけるのは避けたいが，このまま部屋にいて遅刻するのも避けたいというように，回避型のふたつの動機づけの選択のコンフリクトである．接近－回避型のコンフリクトは，歯医者に行って虫歯を治したいが，痛い目にあいそうなので行きたくないという，ある対象が同時に接近と回避の動機づけを持つ場合のコンフリクトである．

コンフリクトと選択反応

　うどんとそばのどちらにするか迷った末に，うどんを注文した．うどんができあがるのを待っているうちに，そばのほうがよかったという気持ちがだ

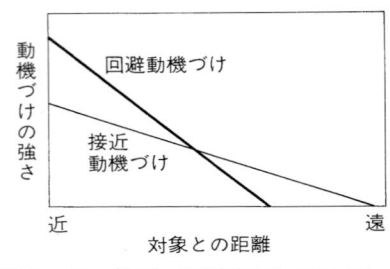

図6-3 接近-回避のコンフリクトの図

んだん強くなってきて後悔してしまう．一方を選択してしまってから，もう一方のほうが好ましく思ってくるような，こんな経験をしたことはないだろうか．

このような現象は，動機づけの強さが，目標との心理的距離によって変化するために生じると考えられる．うどんとそばへの動機づけの強さは，最初はほぼ同じでも，うどんを注文してうどんへの主観的距離が近くなると，うどんへの動機づけが弱まってしまい，相対的にそばへの動機づけが高まるというメカニズムが考えられる．

理屈の上では，2つの動機づけの強さがわずかでも異なればコンフリクトは生じないはずである．現実の生活でコンフリクトが生じることが多く，その状態から抜け出せなくなるのは，自分の行動によって動機づけが均衡する方向へと変化するからであろう．

8．情動とは

情動 emotion とは快，不快を基本とした意識体験である．私たちの生活は怒り，恐れ，喜び，悲しみなどの情動を伴っているので，情動の存在は主観的体験としては明確な事実であるように思われる．もしも情動がまったく表面に現われない人がいれば，不気味な感じがするのはもちろん，会話をするのさえ苦労するだろう．話の展開を決めるには相手の情動は重要な役割を果たしているので，話をどのようにつないだらよいのか困惑してしまうだろう．このように情動の存在に疑問をさしはさむ余地はないように思われる．

しかし，情動を客観的で科学的に測定し分析を加えようとすると，とたんに困難な問題に直面する．他人の感情は自分の情動とは違って，直接的には経験できないので，情動の客観的な定義が確立していないのである．

情動の定義が難しい理由のひとつは，情動が多面的な性質をもっていることである．たとえば怒りという強い情動が引き起こされたときに，何が生じ

るだろうか．表情や身振りにその怒りが現われるだろう．血圧があがったり，心拍数が増加したりするだろう．そしてもちろん，本人は怒っているという主観的経験を感じるだろう．このように情動は，表情面，生理的反応面，主観的経験面の3つの側面に分けられるため，どの側面を重視して研究するかによって情動の研究の仕方も変わるし，定義の仕方も変わることになる．

表情の推定

情動の推測方法として，まっさきに思いつくのは表情だろう．表情の研究は，基本的にはさまざまな表情を写真にとってそれを被験者に見せ，それがどのような情動を表わしているか推定してもらう方法で行われる．

写真に写した表情を7つのカテゴリーに分類するという方法で判定してもらうと，被験者は，愛，驚き，恐れ，怒り，嫌悪，軽蔑に分類することがわかった．さらに多変量解析という統計手法で分析すると，これらのカテゴリーは「快－不快」と「注意－拒否」「休息－緊張」を3つの軸とする立体上に配置できることがわかった．つまり，表情分析によれば人間の複雑な情動は，3つの基本的な情動の組み合わせによって表わされることになる．

表情の写真を使った情動の分析には問題点もある．人間の情動は顔の表情ばかりでなく身振りにも現われることがあるし，日常的に目にする表情は写真と違って動きがある．また，他人の情動を判断するさいには，その場面がいつ，どこなのかといった文脈も重要である．

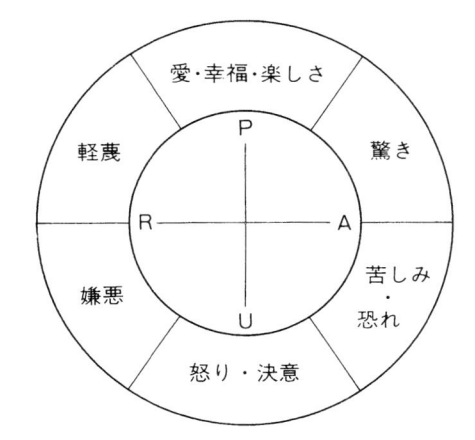

P－U：快－不快の次元
A－R：注意－拒否の次元

図6－4　表情の分析

そのため，表情の写真だけでは情動の身体表現を完全には伝えることができ

ないと考えられる．

　情動における文脈情報を重視して，情動の構造を分析した研究がある．その実験では，表情のかわりに情動を引き起こすような場面を記述した文章をしめし，その文章に対応する情動語を選択させるという方法が用いられた．使われたのは556種類の文章であった．被験者の選択を表情分析と同様に多変量解析を用いて分析した結果，4つの基準が抽出された．それらは，接近－反発，快－緊張，自信－無力，適度な強さ－過度な強さであった．自信－無力の基準を除く3つは，表情分析で抽出された基準と一致することから，表情や文章を用いた分析で情動の基本的基準がうまく抽出できたと考えられる．

生理的変化と情動状態の関係

　情動が感じられるときには生理的変化も生じることが多いため，情動の生起と生理的変化のどちらが原因でどちらが結果であるかについて以下のような議論が行なわれてきた．

泣くから悲しい

　恐くてふるえているときにふるえの原因をたずねれば，たいていの人は恐いという情動によってふるえという生理的変化が生じたと答えるだろう．このような常識的考え方に対してジェームズとランゲは異論をとなえた．

　ジェームズは「私たちは悲しいから泣くのではなく，泣くから悲しく感じ，ふるえるから恐れを感じるのである」と主張し，泣いたり笑ったりといった行動や，心拍や血圧の変化などの生理的変化が原因となって，情動が引き起こされるとする説を主張した．同じ時期に同様な主張をしたランゲの名前もいれてこの説はジェームズ・ランゲ説とよばれている．

　この説に反論してキャノンは，身体状態が同じでも違う情動が現われることがあることや，情動が急激に生じるのに対し，生理的変化はゆっくりしていることなどをあげている．そして，生理的変化や行動が情動の原因ではなく，大脳の視床への刺激が原因になって情動が生じるという中枢起源説をとなえた．この説はキャノン・バード説とよばれている．現在，中枢起源説を支持する研究が多く見られ，情動の原因として，視床への刺激のほかに，脳

幹網様体賦活系や辺縁系といった部位にも注目が集まっている．

情動の認知モデル

　同じものを見た場合でも，違う情動が引き起こされることがある．夏の暑いさかりにアイスクリームを見れば嬉しく思うだろうが，同じアイスクリームでも，冬空のもとであれば身ぶるいするだろう．このように，知覚したものをどのように認知するかによって，生じる情動の種類が決定される．

　情動を生起，決定する原因として，生理的要因に加え，認知の要因を考慮すべきだと主張するのが情動の2要因説である．この説では，認知の要因を重視し，情動の生起は生理的要因に原因があるが，その情動の種類を決定づけるのは認知的解釈であるとされる．たとえば，心臓がどきどきするという生理的要因によって情動は引き起こされるが，そのときに不愉快なことを考えていれば不愉快な気分を強く感じるだろうし，愉快なことを考えていれば愉快な気分を強く感じるとされる．

　この仮説を確かめるための実験では，興奮作用をもつ薬をそれと知らせずに被験者に注射し，陽気な人が周りにいるときと，怒っている人がいるときでどのような情動が生じるか調べた．その結果，被験者の情動の種類は周りの人の雰囲気に左右されることがわかった．

　もっと極端に，情動は認知的要因だけで決定されるという考えもある．ヴァリンズは男性被験者に何枚かのヌード写真を見せ，同時に心拍を測定してそれを被験者にしめした．じつは，心拍は被験者自身のものではなく，あらかじめ用意されていたにせものであった．このあとでヌード写真の好ましさを被験者に比較してもらった．見ているときに心拍数が多かったヌード写真が好まれると常識的には予想されるだろう．では，手がかりにされるのは自分自身の心拍だろうか，それともにせものの心拍だろうか．実際には，にせの心拍数に対応した好ましさの評価がなされた．つまり，自分の本当の生理状態を手がかりにせず，にせの心拍という外部刺激の認知だけを手がかりに情動が決定された．

　いずれの要因が重要であるかという議論は現在も続いているが，情動は身体状態を考慮することはもちろん，認知とも切り離して論じることができな

いといえる．

9．情動の役割

さて，これまで情動の分類やそれが生起するメカニズムについて話を進めてきたが，この節では情動が人間の生活にどのように役に立っているのか考えてみる．

人間は，見たり聞いたり，考え，行動している．では，なにを決定基準としてどの行動を行なうかが決定されるのだろうか．人間や動物は情報をすべて処理するのではなく，意味があるとみなしたものだけを処理する．では，意味のあるなしを決める基準はなんだろうか．

感情的に行動する，という言葉が使われることがある．行動を決定するのに，いちいち複雑な思考，推論を行なうのは時間がかかるし，苦労することである．目の前の食べ物のどれを食べるかについて，栄養成分を計算して決めることはできるだろうが，それより，おいしそうだと思ったものを食べる方がはるかに手っとり早く，簡単であろう．生活の中では，素早い決定をすることがきわめて重要なことがある．火事や地震のような緊急時がその例である．動物の場合は天敵が近づいてきたときである．

天敵が近づいてきたときに，動物の群れの1匹が驚いてかなきり声をあげたとしよう．その声は群れに対して危険信号として役に立つことになる．このように，情動の表出は他の個体の行動の決定にも影響を与えることになる．

以上の例から，感情は人間や動物の行動を決定する簡単ですばやい手段だと考えられる．

さらに学びたい人へ
ホメオスタシス性動機づけについて
J.W.カラット：バイオサイコロジー，Ⅲ．サイエンス社，1987．

感情理論について
斎藤　勇：人間関係の心理学．誠信書房，1989．
斎藤　勇：対人心理の分解図．誠信書房，1986．

第 2 編　心理学の応用

7

発達の心理 — ライフサイクルからみた発達 —

1. 人間の発達

　子どもが誕生して，おとなになっていく時にたどるいろいろな変化の過程を発達 development というが，発達はひと昔前には，児童心理学とか青年心理学という名称でなじみ深かった心理学の分野である．最近は胎児の時期も超音波診断機器の開発によって，的確に観察することができるようになった．一方，人生 80 年といわれる高齢化社会の到来で，老年期の発達課題とか，完結世代の生きがいなども話題となり，現代はまさに受精から墓場までの生涯発達が問われていると考えられる．

　ところで従来の心理学書の多くは，新生児期の身体の発達や，青年期のいわゆる第 2 次性徴とか心理的離乳について，かなり多くのページを割いているが，本書はそうした旧知見よりも，むしろ社会環境のなかで発達をとげてゆく人間の精神発達に視点をおいて述べることにする．

　古来からの「発達は遺伝か環境か」の論争は，今なお新しい論争の種となり得る基本的課題であり，たとえば IQ は，かなり強い遺伝規定性をもつと主張する心理学者もいる．この問題は「成熟か学習か」という相対立する見解や主張とも関連しているのであって，これらの両者が相互依存的に影響しあって発達の過程が進展することをしめしたのが発達の**臨界期** critical period という考えかたである．これは比較行動学者のローレンツが卵生動物の刻印づけ

図 7 − 1　Hess（1959）の刻印づけ装置

imprinting 現象の観察から主張したことで，ニワトリやアヒルのヒナが孵化してから十数時間以内の臨界期に，目の前で動く刺激対象に追従反応が生じ，いったん生じた追従動作は忘れられることがない，と報告したことがきっかけとなった．

こうした生みの親を慕うかのような行動が鳥類にあると同様，ボウルビーは人間の場合には乳児が母の乳房にすがりついたり，じっと母親の顔をみつめる愛着行動 attachment behavior が，人見知りをしはじめる5～7カ月目頃から強化され臨界期に成立すると主張した．しかもこの生誕後の早い時期に結ばれる母子の絆を，不幸にして失って成長した人は，他人に対して冷淡で，利己主義，うそや弁解が多く，性的非行に走る傾向がみられるという説もある．これをサルの実験・観察の結果から傍証したのが，ハーローの代理母親による愛情理論である．

図7－2　Harlow の代理母親

2．発達段階と発達課題

はじめに発達は変化の過程と述べたが，この変化の過程は連続的ではあるが量的，質的にかならずしも単調に一様なものではない．各時期にはっきりと現われる精神発達の特質はかなり特徴があり，飛躍的な様相がみられるものである．

そこで発達段階 developmental stage を，乳幼児期，児童期，青年期，成人期，老年期の5段階に区分し，それぞれの段階において達成されるべき課題を発達課題 developmental task とよぶことにする．この発達課題はさきに述べた臨界期の達成課題と同じ考え方であるから，各段階での課題達成が次の段階へのステップ・アップとして不可欠ではあるものの，個人差によっ

てかなりのずれがみられることでもあるので，こうした考え方を固執する必要はなく，一応の目安としてみるべきである．

(1) 乳・幼児期

　誕生後の1年間は，新生児，乳児の段階で，この時期の発達課題としての愛着行動は，両親による受容ということが重要である．さらに1歳から小学校入学時前の5歳までの幼児期は，感覚や運動のはたらきが著しく発達し，コトバの発達とともに知的機能や感情，社会性などもかなりこまやかに分化して生活の範囲も拡大する．ケイガンは，1歳半ごろから3歳ぐらいまでの第2臨界期の発達課題の重要な特徴のひとつとして，親からの**社会化 Socialization** への圧力と違反行為に対する罰への不安によって，トイレの使用を学習するなどの社会性を伸ばす能力を身につけることが重要であるといっている．

　具体的には**トイレット・トレーニング**とか，遊び道具の後片付けなどのしつけ，ないしは習慣形成と，「悪い子ね」「お行儀よくしなさい」などの非難に対する不安感が，自分のしたいまま，やりっ放しを自ら抑えることを学びとらせるのである．

　こうしてまわりの兄妹や，同年齢の子どもたちとの遊びや，両親の行動観察を通して，**社会的学習**によるパーソナリティの発達がすすむことをバンデューラは実証している．彼の社会化としての発達観は，同時に学習観でもあり，その背景には精神分析の同一視説が見られるとする意見も多いが，精神分析の考え方は乳幼児期の発達課題の達成をかなり重視していることが特徴である．

　たとえばサイモンズは母親の子どもにたいする態度には，支配──服従，保護──拒否のふたつの主要な因子が中心になると考え，"甘やかし"，"厳格"，"干渉しすぎ"，"無関心"の4つの態度を設定している．

　そこで理想的な親子関係はふたつの因子が交わる原点であり，母親が子どもにたいして支配的で保護的だと干渉しすぎという態度になり，服従的で保護的だと甘やかしという態度になる．

　さらに，サイモンズは第3の因子として両親の行動の一貫性をあげており，

両親がともに支配的である場合，子どもは礼儀正しい，正直，依存的，謙遜，内気，自意識的な傾向があり，両親がともに服従的な場合は，子どもは攻撃的，不従順，不注意，独立的，自信が強い，うぬぼれ，でしゃばり，などの傾向が強いとのべている．

(2) 児童期

6，7歳から11,12歳頃までの時期で学童期ともいい，世界の大部分の国々では義務教育を受ける年令段階である．それだけに知力 Competence の発達が顕著で，社会性もまた伸びる時期であるが，ここでは知的活動に重点をおいて考えることにしよう．

ピアジェの理論は子どもの認知機能の発達に関する理論である．彼の理論では，人間は環境に対して積極的な働きかけをする存在であり，受動的に刺激を受け入れるわけではないとされている．彼は「シェマ」とよばれる人間の内的な行動モデルを仮定している．人間はこの行動モデルにしたがって環境に働きかけ，もしその働きかけがうまくいかなければ，自ら行動モデルを調整して環境に適応しようとする．行動モデルには，ある種の機能が生得的に備わっていると仮定されているので，環境への働きかけや行動モデルの調整とは，まさしく生得的機能と環境との相互作用を意味している．

ピアジェは，子どもの認知的発達は4段階に別かれていると考え，この段階に適した学習指導をすべきであると主張した．各段階における認知機能には次のような特徴がある．**感覚運動期**には，事物は視野から消えても存在することや，事象間の簡単な因果関係を子どもは理解する．**前操作期**(1.5～7歳)には，言語能力が発達して，表象を形成する能力が高まる．**具体的操作期**（7～12歳）にはいると，眼の前にある具体的な事物の量や距離の理解の仕方が，自己中心的な方法から論理的な方法へと変化する．また，物体は多少変形されても同一の物であるという「保存」の概念をもつようになる．**形成的操作期**（13歳以上）で具体的な事物だけではなく，抽象的な事物や仮定的なことについても論理的な理解が可能になってくる．さらには，推理や判断や仮説演繹も可能になってくる．このような段階がどの子どもでも一般的に認められるのかどうかについて，現在しだいに確かめられつつある．

表7-1　エリクソンの発達段階（自我発達）と発達課題（エリクソン，1959）

	A Psychosocial Crisis 心理・社会的危機	B Radius of significant Relation 重要な対人関係の範囲	C Related Elements of Social Order 関係深い社会秩序の要素	D Psychosocial Modalities 心理・社会的様式	E Psychosexual Stages 精神・性的段階
I 乳児期	Trust 信頼 vs. Mistrust 不信	Maternal Person 母親的人物	Cosmic Order 宇宙的秩序	To get 得る To give in return お返しをする	Oral-Respiratory 口唇－呼吸的 Sensory-Kinesthetic 感覚－運動的 (Incorporative Modes) 結合的様相
II 前児童期	Autonomy 自律性 vs. Shame, Doubt 恥，疑惑	Parental Persons 親的な人	Law and Order 法と秩序	To hold (on) 保持する To let (go) 手放す	Anal-Urethral 肛門－尿道的 Muscular 筋肉的 (Retentive-Eliminative) 貯留－排泄的様相
III 遊戯期	Initiative 積極性 vs. Guilt 罪悪感	Basic Family 基本的家族	Ideal Prototype 理想的な標準型	To make ものにする（=going after) 追いかける To make like まねをする（=playing) 遊ぶ	Infantil-Genital 幼児－性器的 Locomotor 移動的 Intrusive, Inclusive 侵入，包括様相
IV 学齢期	Industry 生産性 vs. Inferiority 劣等感	Neighborhood 近隣 School 学校	Technological Elements テクノロジー的要素	To make things ものを集める（=completing) 完成する To make thing together ものを一緒に作る	Latency 潜在期
V 青年期	Identity 同一性 vs. Identity Diffusion 同一性拡散	Peer Group 仲間集団 and Out group 外集団 Models of Leadership 指導性のモデル	Ideological Perspectives イデオロギー的な展望	To be oneself 自分自身である (or not to be) 自分自身でない To share being oneself 存在を分ち合う	Puberty 思春期
VI 前成人期	Intimacy and Solidarity 親密と連帯 vs. Isolation 独立	Partner in Friendship, Sex, Competition, Cooperation 友情，性，競争，協力の相手	Pattern of Cooperation and Competition 協同と競争のパターン	To lose and find oneself in another 仲間の中で自分を失い，発見する	Genitality 性器性
VII 成人期	Generativity 生殖性 vs. Self-Absorption 自己収吸	Divided Labor and Shared Household 分業と共同の家庭	Current of Education and Tradition 教育と伝統の流れ	To make be 存在させる To take care of 世話をする	
VIII 成熟期	Integrity 完全性 vs. Despair 絶望	Mankind 人類 My Kind 我が種族	Wisdom 知恵	To be through having been 過去の存在を通して存在する To face not being 存在しないものに直面する	

(3) 青年期

　12, 13歳から24, 25歳頃までをいう．この年代の青年たちは，少年や少女として両親や家族とともに過ごしてきた生活から離脱しはじめて，やがて成人社会のまっただ中へと船出する準備をはじめる時期がきたことを暗黙の裡(うち)に自覚させられるのである．したがって，自分はどんなことなら自信をもってやってゆけるのだろうか．何ができて，何が不得意なのか，どんなことが一番好きなのかなどと，自らに問いかけはじめると同時に，同年輩の友人と親しく話し合うようになるが，こうしたことに伴う将来の自己のあり方に大きな不安感や苦悩をいだくことにもなるのである．

　エリクソンは，自我の発達という観点から，人生を8段階に分けて克服すべき発達課題を発達的危機 crisis としたが，とくに青年期は自分を見失い，本当の自分はいったいどうすれば主体性を確立できるのか迷い続ける危機状態にあるという．そしてこのことを同一性の拡散 identity diffusion とよんだのである．

　この状況が長びいて，いつまでも成人として社会生活を自立させることを拒みつづけ，責任ある一人前の人間となりたがらない青年が多くなった現代社会をモラトリアム世代の時代といって話題をまいたのであった．

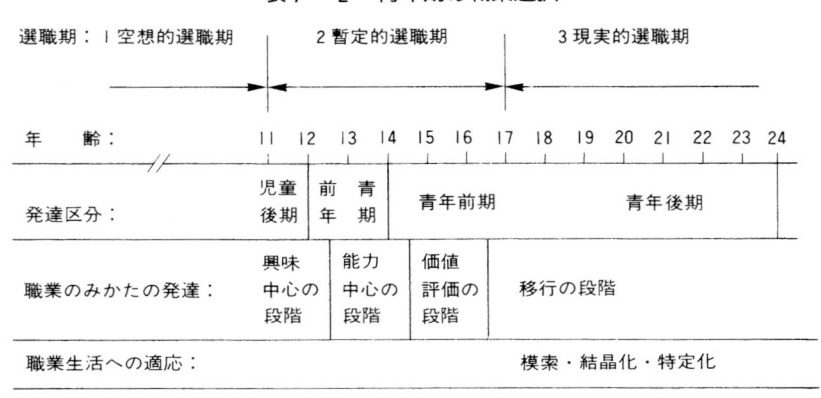

表7-2　青年期の職業選択

選職期：	1 空想的選職期	2 暫定的選職期	3 現実的選職期
年齢：	11 12	13 14	15 16 17 18 19 20 21 22 23 24
発達区分：	児童後期	前青年期	青年前期　　青年後期
職業のみかたの発達：	興味中心の段階	能力中心の段階　価値評価の段階	移行の段階
職業生活への適応：			模索・結晶化・特定化

　ところで，職業心理学者のスーパーは，青年期の職業選択の問題をとりあげて，表7-2に示すように3段階に分けて職業的な発達をとげると主張し

た.

　この第1段階は空想的な職業志向の段階で，第2段階では暫定的に選択をスタートさせる時期であり，興味，能力などの自己理解を深めつつ，やがて試みの段階へ移行して，現実的な結晶化，特定化への職業生活に適応をはかる第3段階の時期へとすすむというのである.

　しかし，仕事を選び，職業生活を確立するという問題は単に青年期のみに限定されるものではなく，これは生涯にわたるライフ・タスクなのであって，こうした意味から，ホーランドは，クーダーの職業興味検査などを利用して，個人の適応方向と，彼の生活タイプの特徴との関連性を明らかにし，それぞれに対応する概括的な適職環境群を表7-3に示したように類別している.

表7-3　職業適応方向別の特徴と適職環境（ホーランド）

適応方向	生活型（タイプ）の特徴	適職群
1．筋肉労働的方向	体力や攻撃的行動を必要とする．活動を好み，現実的であるが社交性に欠ける．	機械工，運転関係農業，大工など
2．知的方向	仕事中心主義的，思考的で行動的ではない．抽象的仕事を好み，人との接触は好まない．	理学的，自然科学系研究者など
3．奉仕的方向	組織化された社会生活を好み，人を教えたり，治療したりする役割を好む．やや依存的，女性的傾向．	社会奉仕家，教師職業カウンセラー
4．同調的方向	型にはまった言語や数を扱う活動を好み，自分を他に合わせていくことに満足する．他人を気にしがち．	銀行員，秘書，帳票係
5．説得的方向	外向的，男性的に相手を説得することを好み，権力地位，リーダーシップに関心が強い．	セールスマン，政治家，支配人，管理人など
6．審美的方向	内向的，非社交的な傾向はあるが，感情的表現欲が強く，やや知的方向と似たところがある．	芸術家，作家など

　日常の生活場面であらわれる種々の問題を処理していく行動は，彼のもつ価値観，興味あるいは態度などが，適応方向をつねにコントロールしているものとして，他人からは客観的によく観察されているものである.

　例えば対人関係で，ある特定の個人をつねに避けたがるとか，くよくよと他人の意向を気にしがちであるとかの事実から判断できる性向である.

その行動タイプが結局は彼の適応方向のあらわれなのであって，ただこれらの6つの方向が，ひとりの人間に，とくに強いものから弱いものへと表層から深層へ配置されていて，その人物特有の適応的な全人格を形成しているのであるが，その方向に対応している適職群が表の右の欄にしめされた適職群であると，彼は主張する．

(4) 成人期

24, 25歳から64, 65歳頃までをいう．身体も成熟し，独立した社会人として行動する時期で，職業生活も確立し，家庭生活も安定し，子どもを養育し，社会的に責任のある行動が期待される年代である．

レビンソンは自著『人生の四季』のなかで，図7-3に示すようにライフ・

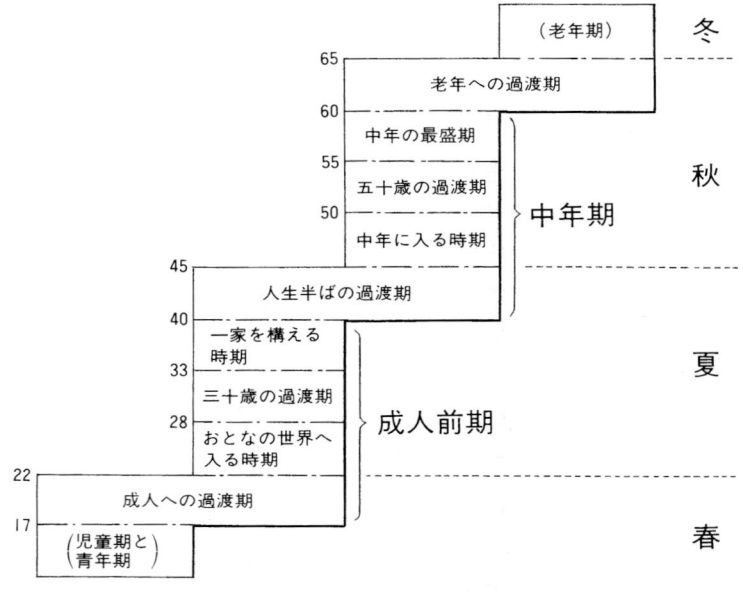

図7-3　レビンソン『人生の四季』（南　博訳）

サイクルの中に四つの重なり合う発達段階が認められ，各時期はおよそ25年続くが，とくに人生半ばの真夏の時期に当たる30歳から50歳代にかけての壮年期は生涯においてもっとも重要な意味をもち，いわゆる中年の危機とも

深く関係していると指摘している．これは〝働きざかり〟の年齢で，一生のうちでもっとも活動的な時期であるだけに，後世に名を知られるような著名な音楽家，芸術家あるいは学者などの業績をしらべてみると，その多くはこの年齢の頃に立派な仕事をしており，いわば人生の黄金時代ということができよう．

　青年期の項で述べたスーパーは，人の生涯の進路発達を図7-4にしめし，壮年期の頃が仕事の業績において，もっとも成果の高い時期に相当しているといっている．さらに大方の人は，自分が人生の変わり目，あるいは筋目に立っていることに気づきはじめるので，一体これまで何のために働いてきたのか，自分の本当の人生はなかったのではないのか，ただ他人のために働かされてきただけではないか，というような迷い心が強く湧いてきて，うつ状態になる人もでてくる時期でもある．それで，同図にしめしたように45歳で停滞の道へと踏み迷う人もある．

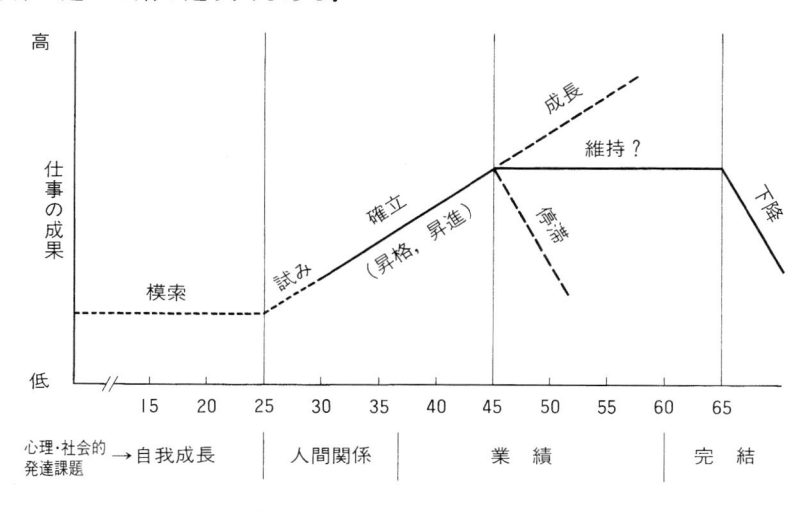

図7-4　人の生涯の進路発達

　また中年になってようやく仕事が認められて管理職に昇進しても，部下とまわりの上司との間で仕事の板ばさみに苦しみ，現状維持さえ困難と思いこんで出社拒否症となる人も出てくる．こうしたことを**中年の危機**という．さらにこの時期は身体のバランスがくずれる一時期でもある．いわゆる女性の

更年期障害が心の働きにも影響するから気をつけなければならない．青年期のノイローゼは性格が原因となっている場合が多いのに対して，成人期のそれは，環境の条件が大きな役割を果たしているから，これを調整して円熟の向老期をむかえる努力が大切である．

(5) 老年期

65歳以上の人を一般的には〝おとしより〟と呼ぶが，「60歳の人にも青春がある．歳を重ねただけでは，人は老いない．理想を失うとき初めて老いる．歳月は皮膚(はだ)のしわを増すが，情熱を失うとき，精神はしぼむ」とウルマンは「青春」という題の詩(うた)で謳っている．

たしかに60歳を過ぎる頃になると，社会生活の中心的地位を退き，家庭生活においても育てあげた子どもたちがひとり去り，ふたり目も離れて，佗しさもひとしおの時期になってくるのも事実であろう．身体的衰えも自覚するようになり，知的な面でも活発な活動ができなくなってくる．

	1	2	3	4	5	6	7	8
老年期 Ⅷ								完結 対 絶望，嫌悪 英知
成人期 Ⅶ							生殖性 対 停滞 世話	
前成人期 Ⅵ						親密 対 孤立 愛		
青年期 Ⅴ					同一性 対 同一性混乱 誠実			
学童期 Ⅳ				勤勉性 対 劣等感 適格				
遊戯期 Ⅲ			自主性 対 罪悪感 目的					
幼児期初期 Ⅱ		自律性 対 恥，疑惑 意志						
乳児期 Ⅰ	基本的信頼 対 基本的不信 希望							

図7－5　エリクソン（1982）の『ライフサイクル，その完結』より

エリクソンは，自分の生涯をりっぱに完結していくことが，人生の最終的危機を克服する課題であると明言している．（図7－5参照）　彼は誕生から老年にいたるまでのライフサイクルの各段階で，葛藤と混乱を経験しながら形成されていくアイデンティティを人間の精神発達の根源としているのであるが，老年期における最後の危機のテーマは，完結対絶望 integrity VS. despire であるという．

人生を完結する勇気が生まれるのは，英知の働きであって，英知を失った老人は憐れみを乞い，途方に暮れ，あげくのはてには絶望と自己嫌悪の淵に追いこまれるのである．

このような加齢に伴う心の変化，つまり老いは，どのような状態で，いつから始まるかという心理学的研究はきわめて遅れており，まだよくわかっていないことが多い．しかし，そのなかでも知的変化の研究は，もっともよくなされている分野である．このことについては知能の項で詳しくとりあげるが，一般的には75歳過ぎであることが確認されている．しかし，60歳頃からもの忘れがひどくなったり，同じことを二度も三度もいうようになると，周囲の親族の人たちに，「年齢のせいでぼけて来たのでは…」などといわれはじめるであろう．常識的には，日常生活のうえでこうした大まかな知的衰退が現われてくるが，しかし相当の高齢になってもぼけない老年者のほうがずっと多いのである．

分析心理学者のユングは，自己実現（個性化：individuation）の過程を人生の究極の目的としているが，これは死の受容と再生の体験を積み重ねていくライフサイクルの考え方で，彼のいう再生とは，「生きる意味」の再発見，つまり生きがいの保持ということであろうと解される．

よくいわれることであるが，齢をとると頑固で疑い深くなる．などの人格変化を老化のせいにする．しかしこれも生活経験にもとづく個人差の大きいもので，人格に老化はなく，むしろ発達し続ける質的変化のみがあると考えるべきではないだろうか．

3. 発達研究の現在

　現在では発達研究は次のように変化した．まず，従来は身体的・知的・情緒的・社会的という側面を別々に扱っていたが，現在ではこれらが互いに影響しあって全体を構成するという考え方がとり入れられるようになってきた．また，従来の発達研究は，ある時点における現象の記述が主であったが，そこにはたらく因果関係をさぐりだして変化の過程を説明，予測する方向へと変化している．さらに，発達とは社会化であり，人が現実の社会や文化と積極的にかかわり合って，自分を発展させる過程であるとする見方が認められるようになってきている．

　すなわち，人間は環境とかかわり合うことによって，機能や構造が分化，統合されて，固体がより機能的に，かつ複雑な存在になるという過程が考えられる．このような分化と統合の考え方はピアジェも採用しており，発達についての見解を大きく進展させた．

　現在，発達は質的には非連続的，量的には連続的に増大する過程であると見なされている．それは，分化していくときに質的な非連続的成長が生じ，分化した機能相互が階層的に統合されていくときに量的な連続的成長が生じるためである．つまり，初期の機能が後の機能によって包括，摂取される．このように，発達においては分化と統合という反対の過程が同時に進行していると考えられる．

　これまでに生涯の各発達段階を縦断的に展望してきたのは，こうした発達研究の現在を念頭においてのことである．生まれてから青年期を過ぎて成人になるまでの課題としてのアイデンティティの確立が，不完全でなおしばらく拡散，分化しつづけることが多いのは，外の世界に強い関心があるためであって，またそのことが若さの誇りとでもいえるであろう．

　しかし，やがて中年期の人生峠を越える頃に，降りゆく人生の究極的平原へ向かって，完結の日がくるであろう老年期を予感することになる．それは同時に自己の統合への収束の季節であることがわかる時期といえるだろう．

さらに学びたい人へ

藤永　保：発達の心理学．岩波書店，1982．

柏木・松田・宮本・久世・三輪：親子関係の心理．有斐閣，1978．

E.H.エリクソン著，村瀬　孝雄・近藤邦夫訳：ライフサイクル，その完結．みすず書房，1989．

高橋　恵子・波多野誼余夫共著：生涯発達の心理学．岩波書店，1990．

第 **2** 編　心理学の応用

8 パーソナリティ－性格の理解－

1．パーソナリティと性格

　心理学の厳密な定義は別として，日常，他人の人がらとか，自分の行動の仕方を話す時に，「あの人は親切だ」，「わたしはお人好しで」とか「あの女性はおしゃべりで信用できない」などという．このような個人独特の行動の仕方を性格 character とかパーソナリティ personality という．

　性格は気質 temperament を基礎として後天的に形成される人柄の情意的な特徴で，またパーソナリティは人格と訳し，性格とほとんど同じ意味の言葉として用いられているが，一般的にはヨーロッパの心理学者は，性格という言葉を好んで用い，アメリカの心理学者は，知的な面や態度などをも含めた全人的な特徴を意味する語としてパーソナリティを好んで使うという習慣がある．

　いずれにしても，その人の個性を特徴づけている行動のありかたから推定される性格の構造を究明する，いろいろの理論や学説が提案されている．ここでは，その代表的なものとして類型論，特性因子論と精神分析の考え方を説明する．

(1) 類型論

クレッチマーの類型論

　クレッチマーの類型論 type は臨床精神医学から出発した．彼によれば，人の体格は細長型，肥満型，闘士型，発育異常型に分けられる．このなかで闘士型というのは骨組みが頑丈で，筋肉が盛り上がった肩幅の広い体格をさし，発育異常型というのは，種々の内分泌異常にもとづくと思われる身体的特徴をもっているものである．

ついで，これらの体格と精神病（内因性精神病と考えられている精神分裂病，躁欝病，真正てんかん）との関係が検討された．発育異常型を除いたおよその体格は図8－1のとおりである．

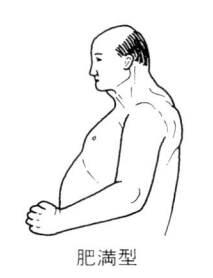

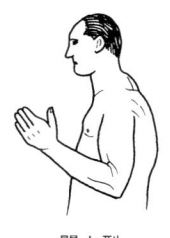

図8－1　クレッチマーの体格類型

肥満型　　闘士型　　細長型

さらにこれらの精神病の発病前の性格や，患者と血縁関係にある者の性格には，次のような性格特徴がしばしば認められる．たとえば，精神分裂病の病前性格としては，一般にきまじめ，控えめ，無口，孤独，小心，過敏などの特徴がみられ，ときには冷淡，偏屈，協調性の欠如という変人のような感じを伴うことがある．これに対して，躁欝病者の病前性格，あるいは家系には，明るく，社交的で暖かみがあり，調和的で現実的に行動するという特色がある．

クレッチマーは躁欝病と精神分裂病の遺伝家系内にある性格傾向を，それぞれ**躁欝気質**（同調性），**分裂気質**（内閉性）と名づけた．その他に**粘着気質**（粘着性）という類型を考え，これとてんかんとの間に関連のあることを認めている．次にその大要をのべる．

躁欝気質：爽快で高揚した気分と，陰気で沈滞した気分とが交互に，あるいは一方だけが極端にあらわれる型であり，躁状態または発揚型の人は，明朗で無邪気に生活を楽しみ，思考内容も豊富で決断も速く，やや軽率ではあるが行動的である．欝状態または抑欝型の人は，控えめで口数も少なく，悲観的で迷うことが多い．いずれにしても分裂気質の人に見られる冷ややかさ，とげとげして非常識，狂言性，形式性，しつこい，理屈っぽさなどは少しもない．どことなく子どものような単純さ，人のよさをもち，喜怒哀楽の感情を率直にあらわし，わけへだてのない人である．クレッチマーは普通の人にみられる躁欝気質（同調性気質）の例として，おしゃべりな陽気者，もの静かな諧謔家，静かで気分の豊かな人，気楽な享楽家，精力的な実際家というようなタイプをあげている．

分裂気質：非社交性，静かできまじめ，用心深く，感受性の面では非常に敏感で，傷つきやすいという点と，鈍感で無関心な面とを同時にもっている．分裂気質の人は，一般に社会的適応性が良好でなく，自分自身の世界に閉じこもって外界との交流を欠くこともあり，ときには変人という印象を与えることがある．クレッチマーは普通の人に見られる分裂気質（内閉性）の例として，上品で感覚のデリケートな人，孤独な理想家，冷たい支配家や利己的な人，無味乾燥な鈍麻した人などをあげている．

粘着気質：ひとつのことに執着して，変化したり動揺したりすることが少なく，几帳面で秩序を好み，融通のきかない純重な性格，思考や説明がまわりくどくて繊細さがないが，約束や規則は正直に守り，人にたいする態度は丁寧すぎるほどである．しかし，ときに爆発的に激怒し，自己の正当性をかたく主張し，相手を非難，攻撃して非常に興奮することがある．

クレッチマーの類型論は，精神病者から正常者まで包括する学説で，具体的に人を理解するとき，きわめて有用である．

その他の類型論

アメリカのシェルドンは，クレッチマーとは違った方法で 1940 年頃に，男子大学生 400 人の身体の写真を観察し，同時に身体計測を行って，体格を決定する基本的成分として三つの型を分けたが，これと気質類型とを次のようにまとめた．

体格類型

　内胚葉型 —— 胎生期に，内胚葉から発生する消化器系統の器官がとくに発達しているもの．肥満型．

　中胚葉型 —— 中胚葉から発生する骨格，筋肉，結締組織などがとくに発達しているもの．筋骨型．

　外胚葉型 —— 外胚葉からの皮ふや神経系統が優勢に発達しているもの．やせ型．

気質については 50 の判定項目をあげ，それぞれについて各自がそれをどの程度もっているかを評定し，その結果を分析して，次の 3 成分を見出した．

気質類型

内蔵型 —— 弛緩と安楽を好み，社交的支持への欲求が強い．

身体型 —— 活動的，自己を主張し，支配的で筋肉運動への欲求が中心になる．

頭脳型 —— 過敏，控えめで社交をさけ，孤独を愛する．

　そして内胚葉型と内蔵型，中胚葉型と身体型，外胚葉型と頭脳型の間にそれぞれ高い相関があることを見出した．（表8－1）．

表8－1　シェルドンの体型と気質の相関

体型＼気質	内蔵緊張型 (n=200)	身体緊張型 (n=200)	頭脳緊張型 (n=200)
内 胚 葉 型	.79	－.29	－.32
中 胚 葉 型		.89	－.58
外 胚 葉 型			.83

　シェルドンの研究は，個人の構造と機能，すなわち身体と行動の特徴の間に関連があるということを実証したといえる．しかし一定の体格をもつ者が一定の反応の仕方をとりやすいとしても，なぜそうなるかについて明らかではない．

ユングの外向，内向タイプ論

　またユングは人間生活の根本となるこころのエネルギーが，もっぱら外界に向かうか，あるいは内界に向かうかで，ものの見え方や考え方がまったく異なるという点に着目して，外向型 Der extravertierte typus と内向型 Der introvertierte typus というふたつの類型に分けた．彼は精神分析の創始者フロイトの高弟であったが，さきにあげたこころのエネルギーを，性の欲動の原動力となるエネルギーとした師の説に反対して，独自の類型論をとなえた．

　このほかにもシュプランガーのように，ある人が何を最高価値として生きる目標とするかによって，理論型，経済型，審美型，宗教型，社会型，権力型の6つの類型に分けた考え方などもあるが，これは性格そのものの心理学

上の分類からは多少ずれている．

いずれにしても，類型論の特色は人間をユニークな全体として観察し，その統一ある全体像を把握しようとする臨床家の参考になる観方(み)を提供しているが，人間を体質とか体型によってある型にはめ込んでしまう危険性があり，最終的結論とはなり得ない欠点もある．

写真 5　C.G.ユング

(2) 特性・因子論

あの人は陽気な人だとか，A子さんは陰気な感じのする人などと，ふだんの行動を観察していてよく口にされる性格表現用語がある．こうした行動傾向は，いろいろな場面を通じて個人的には一貫して現われるものであるが，これらの特徴を性格の特性 trait とよび，この特性の組み合わせによって性格，あるいは人格を記述，説明しようとする立場をとっている．

オールポートの特性論

日常語には人格を表わす用語が多く含まれている．オールポートとオドバートは人格特性を表わす言葉 17,953 語をとりだし，形容詞を主とするそれらの用語を4群に分類した．第1群は，攻撃的，内向的，社交的などの実際的特性をあらわす語（全体の約25％），第2群は，赤面，狂乱など活動や心の一時的状態をあらわす語（約25％），第3群は価値ある，重要でない，好ましいなど評価をあらわす語（29％），第4群は，その他（21％）であった．このうち第1群の特性用語が比較的恒常的な一般的行動傾向を表わすものとして重要であると考えた．

オールポートは，特性には多数の人びとに共通する（例えば，社会性のような）共通の特性と，ある個人に独自の特徴を与える独自の特性とがあることを認めた．オールポートは共通の特性を表出的特性と態度特性に分け，また特性の基礎をなす心理的生物学的要因を身体・知能・気質の3側面に分けて，心誌（psychograph, 図8-2）をつくっている．この心誌を説明してお

こう．

中央に1本横線がひいてあるのは中央値を示す．縦軸に目もりを入れていないのは，必要に応じて適当な目もりを入れて使うためである．パーセンタイル，7段階尺度，場合によっては順位で表わしてよい．得点は図8-2に例として部分的に書き入れてあるように点であらわし，直線で連結しておくと見やすい．各欄の得点は原則としてテスト結果を書き入れるのである．テストを用いないで，ふだんの観察や，場合によっては自己評定で記入する．心誌の左から7番目までの項目は特性ではない．特性が発達するさいのもとになる素材として考えられている．

3つの表出特性というのは，人のあらゆる行動にその人らしい色合いをつけるという意味で表出的なのである．

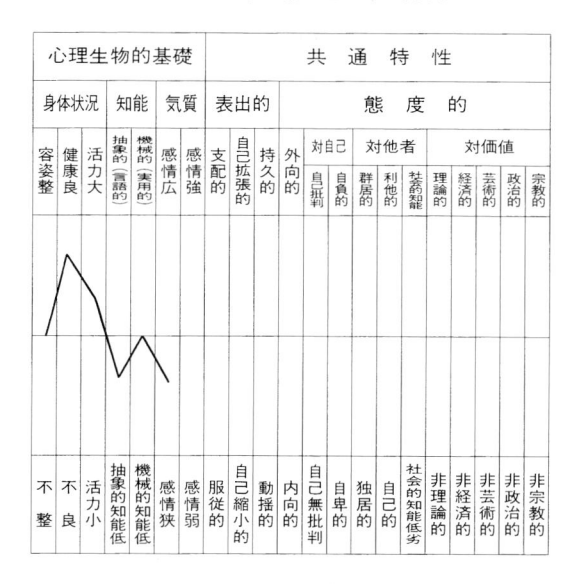

図8-2 オールポートの心誌

キャッテルの特性・因子論

キャッテルの特性論では，表面特性と根源特性とが区別される．出発点となるのは個々の場合の行動特徴の記述で，例えば，トランプをきるときの器用さ，ねじ回しを使うときの器用さというように細かくとりだすことができる．これを特性要素とし，これらの特性要素の間に高い正の相関が認められたとき，つまりAという特性要素をしめす人は，Bという特性要素をしめすことも多いというときに，それらの特性要素の集合を表面特性として考える．この表面特性というのは，医学における症候群という概念に該当するもので，外部から観察される行動のうちで，相伴って出現するものの集合である．

この表面特性は，さらに，基本的な根源特性によって決定されていると考えられ，因子分析法によって見出される因子であり，両者を結びつけるために利用される媒介変数である．

キャッテルは質問紙法，生活記録，客観的検査などを資料として根源特性を抽出し，さらに他の研究者のとりだした特性や類型との関係をはっきりさせて，普遍的人格因子を設定しようとしている．キャッテルの見出した12の根源特性は次のようなものである．

因子 1　回帰気質 —— 分裂気質
因子 2　知能的 —— 知能欠陥的
因子 3　感情安定 —— 神経症的
因子 4　支配性・優越性 —— 服従性
因子 5　高潮性 —— 退潮性
因子 6　積極的性格 —— 消極的性格
因子 7　冒険的回帰性気質 —— 退嬰的分裂性気質
因子 8　敏感で小児的かつ空想的な情緒性 —— 成熟した強い安定
因子 9　社会的教養 —— 粗野
因子10　信じやすい回帰性気質 —— 偏執病
因子11　芸術家のボヘミアン —— つきなみな現実性
因子12　如才なさ —— 単純さ

(R.B. Cattell., An introduction to personality study, 1950)

アイゼンクの類型的因子論

アイゼンクは，ある人の個別的特殊反応および習慣的反応をまとめて特性とよび，またその特性をさらにまとめて類型 pattern と考え，これは従来の類型論のタイプに相当するとしている．この類型は，伝統的なブントの4気質説を踏襲していて，図8－3にしめすとおり，これからパーソナリティのふたつの主要な次元である安定的な感情の次元と，神経症傾向で不安定な非感情の次元，そして内向的で変わりにくい性向の次元と，外向的で変わりやすい次元とをとりあげ，この神経症傾向の次元の軸と内向・外向の二軸とでしめされる座標軸のどこかに人の性格を位置づけることができると主張してい

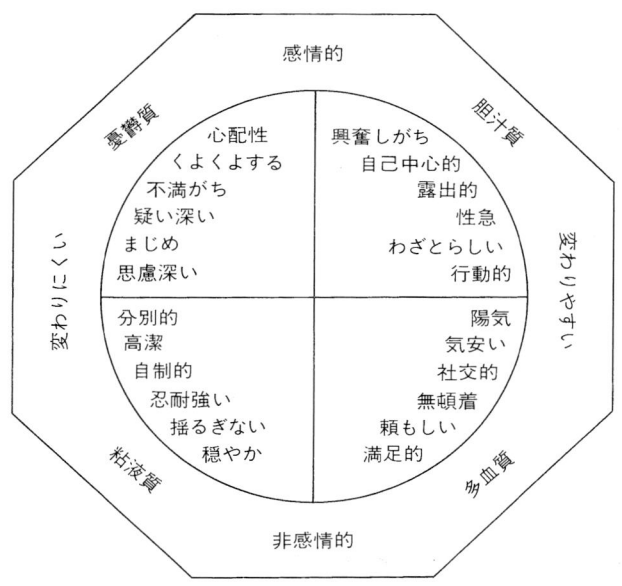

図8-3 アイゼンク（1986）マインドウォッチングに掲載の人格のパターン因子論を示す図式

る．

　彼の性格論は，因子分析の方法を適用してはいるものの，その根底には類型的考え方が強く反映していて，条件づけ実験やハメ絵，組合わせ積木などの知覚・運動機能テストを被験者に実施して得点間の相関を求め，また質問紙や評定法以外の精神医学的診断法による客観的検査を行なった結果を，分裂気質対躁鬱気質という両極の対象群から主成分分析してまとめたのである．

　したがって，気質を含む性格の類型とは，病的あるいは生理学的人格をしめす名詞であり，特性とは，正常者の人格を表現する形容詞であるということもいえるであろう．彼のいう外向型の典型とは，「社交的で友人が多く，話し好き，刺激を求めて，いたずら好き，変化を好み，気苦労なく楽天家で，活動的であって，常に信用できるとは限らないような行動をするタイプ」である．また内向型の人は，「物静かで内気，内省的で，人と交際するよりも独りで本を静かに読むのを好む．親しい友人は別として，初対面の人には無口でよそよそしい印象を与え，あらかじめ慎重に計画を立て，秩序だった生活を好み，消極的で，幾分悲観的だが，信用できる行動をするタイプ」である

としている．

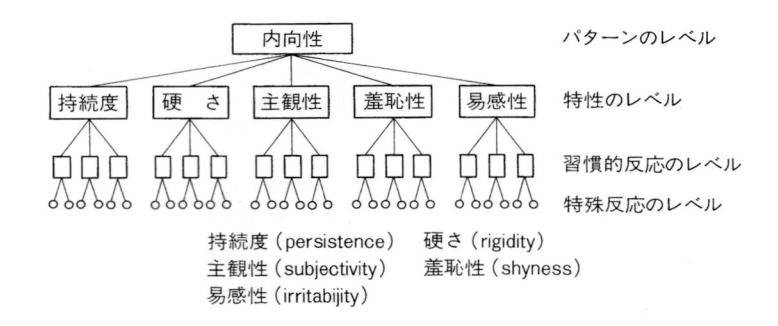

```
                内向性                          パターンのレベル
         ┌────┬──┴─┬────┬────┐
       持続度  硬さ  主観性 羞恥性 易感性       特性のレベル
       ┌┼┐  ┌┼┐  ┌┼┐  ┌┼┐  ┌┼┐
       □□□ □□□ □□□ □□□ □□□    習慣的反応のレベル
       ooo ooo ooo ooo ooo    特殊反応のレベル
```

持続度（persistence）　硬さ（rigidity）
主観性（subjectivity）　羞恥性（shyness）
易感性（irritabijity）

図 8－4　アイゼンクの主成分分析法による性格表現

2．精神分析の人間観

　フロイトのパーソナリティ理論の特徴は，彼の臨床精神医学者としての体験から，人格が原始的自我 Id，現実的自我 ego および理想的自我 supuer-ego の三つの部分の層構造をなしていて，たとえばその様態（ありかた）は図 8－5 のような図式でしめされるとした．

　Id イドは無意識的で，個人の本能的エネルギーの貯蔵所である．したがって快を求め，現実の環境に適応しようとせず，非論理的である．ego エゴは，パーソナリティの意識的側面で，外界に意識的な働きかけをし，人間社会への適応をはかる．また Super-ego スーパーエゴはさらに清明な意識の側面であるが範囲はせまく，たとえば他人を傷つけるようなことをするのは恐ろしいことであると心の内部に子どものときから道徳的ブレーキ，つまり抑圧がかかっているからで，その主要な部分は無意識的働きであるという．このように彼の人格論は心理学というよりは，神経症の治療

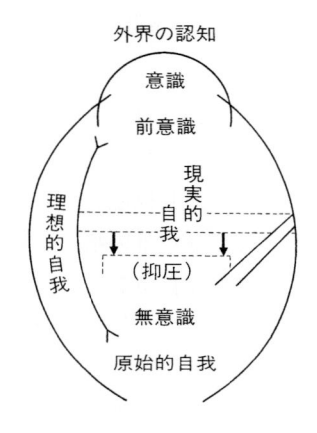

図 8－5　フロイトの精神図式

体験に基礎をおく適応の深層心理の解釈で，独自の人間観というべきであろう．

結局フロイトは，心のはたらきと性格の構造を一つの総合的全体としてダイナミックにとらえ，それを理解するために，これまでに述べた三つの概念を用いたのであるが，彼の厖大な著作のうちでも「精神分析入門」はその学問体系を知るうえで必読の名著である．

フロイトの精神分析は，医学的治療の方法であるほかに，哲学や文学，絵画など現代文化一般に深い影響を与えている人間理解の体系である．

3. 性格の形成

性格あるいはパーソナリティの形成にあたっては，遺伝と環境の力の相互作用が働くということを発達の心理でも述べてきた．もちろん生まれてから青年期の頃までの遺伝的影響については，優生学の祖として有名なイギリスのゴートン以来，多くの研究が発表されてきた．しかし，家庭環境や学校の交友関係，さらにはより広い社会的環境ならびに文化的，風土的環境もそれぞれに重要な人間形成の素因となるのである．

ここではとくに**社会的性格**とよばれる文化的・社会的影響を強く受けたパーソナリティの側面をとりあげるが，もともとパーソナリティの原義は，ラテン語でギリシャ劇の舞台仮面を意味するペルソナ Persona に由来するといわれる．これは仮面をつけた劇の役者に期待される社会的役割にあたるという意味を強調した語ではあるが，今日では，そうした外面的なものから内面的な素顔(すがお)をも含めて，われわれは，人生という舞台で真の自己に慣習的，道徳的な仮面をかぶらせる必要があることもあるといえよう．

たとえば日本人の日常行動は，アメリカ人のそれと違っていることはよく知られているが，これが生得的なものでないことは，日本人のアメリカ移民二世や三世がアメリカ化していることでも明らかなとおりで，子どもの頃から植えつけられた習慣的性格とよぶこともできる．またある特定のものや場面に対する好き嫌いなどの態度も経験的につくられるし，さらに教師は教師らしく，親は親らしくふるまうことによって形成される役割性格も考えられ

るのであって，こうした性格構造を図8－6にしめすような同心円で表現することもできる．

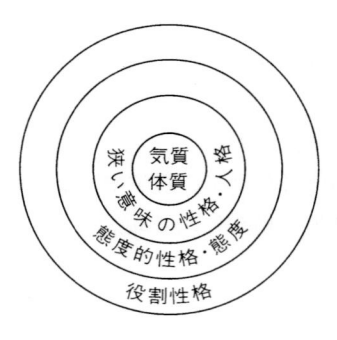

図8－6　形成される性格構造
（宮城音弥 1960）

パーソンズは，社会心理を考えるにあたって，文化，パーソナリティおよび社会システムの三つのカテゴリーを分け，文化は人間の外部にあり（外在的）ながら，人の発達に伴って内在化し，パーソナリティは，個人が社会化するにつれて社会システムの制約をうける．したがってこの内在化と社会化は，人間と社会の同化作用の過程としてきわめて重要であるといっている．さらに個人対個人間の相互作用によって，われわれ現代人は社会行動をある一定の型に発達させていくが，こうした定型化した社会関係の枠組 social frame of reference を社会システムとよぶのであると，社会適応に立脚するアメリカ的プラグマチズムの社会観を強調している．

さらに学びたい人へ

宮城音弥：性格．岩波書店，1960．
E. クレッチマー著・相場均訳：体格と性格．文化堂，1955．
G.W. オールポート著・詫摩武俊他訳：パーソナリティ．新曜社，1982．
S. フロイド著・井村恒郎・馬場謙一訳：精神分析入門（上，下）．日本教文社，1978．
T. パーソンズ著・武田良三藍訳：社会構造とパーソナリティ．新泉社，1973．

性格心理学の入門書

詫摩武俊・瀧本孝雄・鈴木乙史・松井　豊：新心理学ライブラリ9　性格心理学への招待　―自分を知り他者を理解するために―．サイエンス社，1990．
西川隆蔵・善明宣夫：新・自己理解の心理学　性格心理学入門．福村出版，1998．

性格は変化するか

鈴木乙史：性格形成と変化の心理学．ブレーン出版，1998．

第2編　心理学の応用

9 知能－その測定と評価－

1．知能とは

　知能 intelligence or mental ability の意味は，自明のことのようで定義となるとなかなか困難である．というのは，知的なはたらきに関連する要因や条件が複雑多岐にわたるため，一義的に定められない面があるからで，ここでは当面測定という立場，つまり知能テストの立場から考えて，「新しい刺激，あるいは新しい状況に直面したときに，柔軟に適応していくため必要な精神機能」と定めておくことにする．知能検査の創案者であるビネーは，「知能の本質は感覚器官とか反応時間とかにはなくて，より高等な心理的能力にある．高等な心理的なはたらきは，注意・想像・推理・判断などの諸能力に分類できるものでなく，これらの能力が一緒になってはたらいている．つまり精神は一つの統一体である」と述べているが，これは知能の**一般的能力説**といわれる考え方である．

　また，サーストンは，スピアマンの因子分析や多くの知能検査の結果の分析から，知能を構成する因子として，比較的独立した主要な7つの因子を考えた．

　① 空間的因子（S）：平面図形・立体図形を視覚的に知覚する能力に関する因子．

　② 数的因子（N）：単純な数の操作の巧みさに関係する因子．

　③ 言語理解の因子（V）：言語概念を取り扱う能力に関する因子．

　④ 語の流暢さの因子：語の流暢性とは，ある文字，例えばPで始まる単語を書きあげるような仕事の早さに関係する．

　⑤ 記憶的因子（M）：一定の材料を早く記憶する能力．その他一般的記憶能力．

⑥ 帰納的因子（I）：与えられた材料から一般的規則・原理を発見する能力に関係する．

⑦ 知覚的因子（P）：知覚判断の速度など，知覚的早さに関係する因子．

サーストンはこれらを基本的能力とよんだ．そしてまたこれらの基本的能力に共通する二次的な因子のあることを，因子分析法で確かめた彼は，知能検査の成績は，これら基本的能力を総括的に示すものであるというが，こうした考え方を**知能の多因子説**という．

このように，知能は知力だけではなく，意欲や好奇心の強さなども，また時としては，性格的因子の影響さえも受ける，という意見をもつ心理学者もいるから，次に述べるように知能の測定・検査法は普及したけれども知能についての統一的な見解はなお確定しがたい面がある．

2．知能の測定・検査

ビネーは，パリの小学校の特別学級の運営のために，精神薄弱児の診断をする必要にせまられて，知能を測定する種々の問題を作成した．彼は医師シモンの協力を得て，各種の心理能力を含むと考えられる30問からなる知能検査法を考えた．彼はこれらの問題に対する回答の正誤に基づいて，ある児童がその年令に応じた知能をもっているかどうかを，**精神年齢（M.A）**でしめすことを提案した．彼は精神発達の面から知能という概念をとらえようとしたのである．ビネーのこの業績は，各国で多くの知能検査を生むきっかけとなった．スタンフォード大学のターマンによってその後改訂，工夫されたスタンフォード・ビネー検査は有名であり，これがわが国のビネー式知能検査の原型になった．

近年になって，因子分析研究から，知能を構造的にプロフィールにして明らかにしようとするもの，言語性検査と非言語性検査の長所をとりいれて，総合的に知能の診断を試みようとするテストなどが考案されている．後述するウェクスラー式知能検査はその代表的なものである．

知能検査は，その施行法のうえから個別式と集団法とがある．

i）鈴木・ビネー法：ターマンにより改訂されたスタンフォード・ビネー法

をもとに，鈴木治太郎が作成したわが国で最も古い歴史をもつ本格的ビネー法である．この検査法は1925年にはじめて公刊された．改訂版では精神年齢の算出範囲は2歳から23歳までで，76の問題からなる．非常に多くのデータから標準化されているので，信頼性が高いといわれている．このほか，ビネーの流れをくむものに，田中・ビネー法，武政式個人知能測定法，久保・ビネー法，石川・ビネー法，大伴法，桐原法などがある．

ii) ウェクスラー・ベルビュー法：1939年にニューヨークのベルビュー精神病院の心理学者ウェクスラーによって作成された．知能を相対的水準ばかりでなく，分析的・診断的にみようとするものである．知能の特性から選ばれた下位テストに基づいて，その優劣が判断され，それによってまた，適応障害の診断さえも試みられる．成人用検査WAISと児童用検査WISCとがある．わが国でもそれらの改訂版が公刊されている．

3．知能検査結果の表わしかた

i) ビネー法の場合

精神年齢 mental age, (M A)：知能の発達の程度を年令段階でしめしたものである．児童の年齢発達に相応する年齢別の問題を，どの年齢のところまで正答したかによって，生活年齢とは関係なく精神年齢が決められる．

知能指数 intelligence quotient

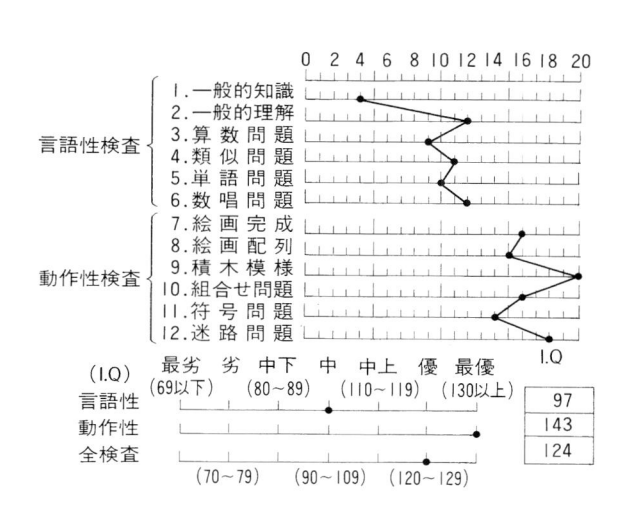

図9−1　WISCプロフィールの一例

（品川不二郎　1957）

(IQ)：ある児童が満8歳の水準の問題まで答えることができたら，その人の精神年齢は8歳ということになる．しかし，その児童の生活年齢 chronological age (CA)（暦年齢）が6歳だとすれば，この人は平均児より進んだ「知能」をもっていることになる．これを数量的に表わそうとする方法が考えられた．これが知能指数とよばれるもので，次の公式で求められる．

$$知能指数(IQ) = \frac{精神年齢(MA)}{生活年齢(CA)} \times 100$$

この式によると，知能検査で測った精神年齢と生活年齢がちょうど一致すれば，IQは100となる．精神年齢の方が高ければ100以上となり，低ければ100以下となる．

ⅱ）ウエクスラー法の場合

ところで，成人の場合ではこの公式をそのまま用いることができない．一定以上の年齢では，修正年齢を算出し計算することになる．これをなくするため，ウエクスラーは次のような公式を用いている．

$$IQ = \frac{実際の得点}{その年齢に対して期待される平均値}$$

知能偏差値：知能指数とともによく用いられているのが，知能偏差値である．個人の得点が，平均値からどのくらいずれているかを標準偏差を手がかりにして表わすものである．次の公式で求められる．

$$知能偏差値 = \frac{(実際の得点) - (その年齢の平均得点)}{その年齢の得点の標準偏差} \times 10 + 50$$

知能偏差値は平均が50である．偏差値は，ある個人がその知能に関して，曲線上に占める相対的位置をしめしており，測定の基点と単位とがはっきりしていて，合理的なものであるといわれている．

プロフィル：IQや知能偏差値は，全体的知能の水準はとらえることができるが，しかし知能の特性はわからない．下位テストの得点を図でしめすことで，図9-1のように個人の知能の特性を表わすことができる．

4. 知能の分布

知能がどのように分布しているかを，多数の人を無選択に集めて行った知能テストの結果からみてみると，図9-2のようになる．多くの者が中央に集まり，両端に近づくにつれて少なくなっている．IQ85〜115の範囲に全体の60％以上のものが集まっており，反対にIQ140以上の者や69以下の者は，ごく小人数であることがわかる．上の知能の分布を表にすると，表9-1のようになる．IQ70以下は総称して精神薄弱といわれる．そのなかで，24以下の白痴では，ほとんどひとりでは生存を維持することすらむずかしい．

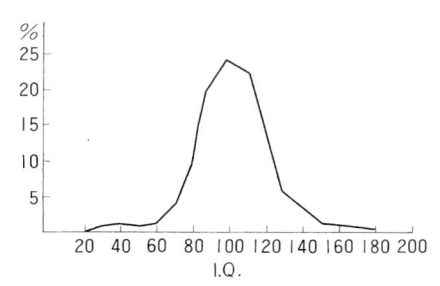

図9-2　知能の分布

表9-1　知能の分類

分類	IQ	％
英　　　才	140 以上	0.6
優　秀　知	120〜139	9.9
正　常　知　上	110〜119	16.0
正　常　知　中	90〜109	47.0
正　常　知　下	80〜 89	16.0
中　間　児	70〜 79	7.5
軽　　　愚	50〜 69	2.9
痴　　　愚	25〜 49	0.1
白　　　痴	24 以下	

5. 知能の発達とIQの恒常性

知能は年齢にしたがって，一定の割合で発達するものであろうか，それともある時期がくると，その発達は止まってしまうものなのであろうか．図9-3は知能発達の一般的傾向をしめし

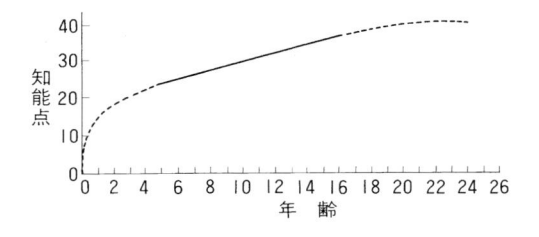

図9-3　知能発達の一般的傾向

ている．知能は幼児期に急速に発達し，その後ゆるやかに発達し，やがて頂点に達する．そして，ほぼその水準を保ち，老年期に向かって衰退していく．発達の停止時期は18歳とも20歳ともいわれているが，おおむね青年期中頃にその頂点があるのではないかと推定されていた．また，知能の高い人は，低い人よりも長く発達を続けるとも考えられている．このような知能発達の停止に関する考え方は，知能テストの結果から推定された仮説であって，実際はまだこの頂点を越えて発達するのではないかとも考えられている．30歳すぎまで知能は発達すると考えている学者もいる．

　以上は一般的知能の発達について述べたのであるが，知能の発達はまた，知能の特性によっても異なった経過をたどるだろう．サーストンは，知能の基本的能力のうち，最も早く成熟するのはＰ因子であり，Ｓ因子とＩ因子が14歳で，Ｎ因子とＭ因子は16歳でそれぞれ頂点に達する．Ｗ因子とＶ因子はたぶんまだおそくまで発達を続けるだろうと述べている．従来は知能指数は一般的に変わらないものであると考えられていた．ソーンダイクによると，スタンフォード・ビネーの知能テストで，検査のすぐあと再検査をしてみると，相関係数は0.89であった．20カ月後の再検査で0.84，さらに5年後の再検査でも0.70であった．しかし反対に，知能指数が義務教育の9年間で大きく変わったという報告もある．したがって，知能指数は一生変わらないものであると考えることは間違いであろうが，かなり恒常性の高いものであるということができる．

6．知能テストの利用

　ビネー型の知能テストは，もともと子どもの精神発達の程度を測ることを目的として考案したものであるから，義務教育就学前の予診や児童相談所の相談資料として利用され，とくに知恵遅れ mental retardation の子どもたちの療育方法に，ある種の目安を与える指標としてとりあげられる．

　ところで精神遅滞，つまり知恵遅れという言葉が用いられるようになったのは近年のことで，かつては精神薄弱 mental deficiency, Schwachsinn という医学的用語の用いられることが多かった．しかし，障害ないしは疾患とみ

なす精神薄弱の概念と，社会適応を向上させる働きかけとしてのリハビリテーションや教育の立場からの精神遅滞には違いはないはずであるが，現実にはかなりの隔たりが見られるのである．たとえば従来の多くの精神医学教科書では，「先天性，周産期または出生後の早い時期に，発達途上において何らかの原因が加わって脳発達が障害され，その結果，知能発達が持続的に遅滞，もしくは停止している状態」を精神薄弱と定義している．

一方，学校教育における特殊児童の療育との関係で文部省は，「種々の原因により，精神発育が恒久的に遅滞し，このために知的能力が劣り，自己の身辺の事がらの処理および社会生活への適応がいちじるしく困難なもの」を養護学級，養護学校教育の対象者として受け容れるとしている．

また福祉の分野で厚生省がしめしているのは，「心身の発達期（おおむね18歳まで）に表われた生活上の適応障害を伴っている知的機能の障害をしめす状態」といって，医療と特殊教育の両定義を合致させた意味で知的な機能の発達の障害と解釈しているが，いずれにしろ，わが国の学校教育の面からの知恵遅れのIQによる目安は，下記のとおりに決められている．

表9－2　知能指数の水準

知能指数＼水準	軽　度	中等度	重　度
IQ	50～75	25～49	24以下

このように学校を中心として知能テストの利用が普及し，何らかの原因によって知的発達の遅れた障害児・者への療育を配慮する方策がとられるようになった点に，大きな貢献をしてきたとはいえ，IQが70あるいは75以下の人を欠陥者として劣等視する偏見のもとになるという批判も強い．

また，ビネー型テストは16歳を上限として問題がつくられているため，それ以上の年齢別基準は採用されていない．したがって，それ以後の成人期はもちろん，とくに老年期における知的活動の変化を明らかにする指標としては不適切な点がある．また，従来成人期以降は，加齢に伴って知的活動は衰退するといわれてきたが，これは横断法によるテスト結果を統計的に整理し

た資料によるからであって，世代間の教育の差，あるいは文化的背景の差を反映した結果にすぎないことがわかってきた．そこで，この欠点を除くために，成人用知能検査のWAISによって調べた最近の結果では，言語的理解を必要とする**言語性知能**はそれほど衰えないが，非言語的な**動作性知能**は加齢によって衰えやすいことが実証され，図9－4にしめすとおりである．

この現象は古くから知られていることで，キャッテルは知能を流動性能力と結晶性能力の二つに分けて，結晶性能力は教育や学習経験などの社会，文化的影響を受けて発達する能力，流動性能力とはそういうものの影響をあまり受けないより固有で

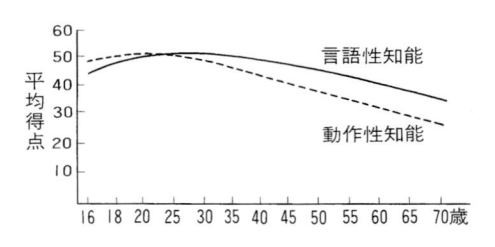

図9－4　ウエクスラー（1972）による知能の加齢変化

生得的な能力であるとした．加齢に伴って衰えやすいのは流動性能力で，衰えにくい結晶性能力は，過去の経験に基づく緻密な判断力や習慣が生きる場面で動員されるこの能力であるという．これはいわゆる年輩者の生活の知恵ということでもあろう．

7．高齢者の知能

働きざかりの頃の身心機能が徐々に衰えていく過程は，**加齢現象** aging としてすべての人がたどる道である．これは知能においても避けることのできない現象であって，150億もある脳の神経細胞が思春期を過ぎる頃からすでに10万個以上も脱落しはじめるためにおきる老化のひとつと推定されている．とくに向老期以後になると，脳の器質性病変がみられなくても，ぼけ状態の徴候がでる人もいる．

しかし，ぼけは臨床医学的には**痴呆** dementia とよばないのであって，老年期になって，異常に高度の神経細胞の脱落がおこり，CT検査で明瞭な大脳皮質の萎縮や，脳室の拡大が認められ，**日常生活能力** Activity of Daily Living（ADL）の低下によって社会生活の不適応状態を観察できる病巣が確認でき

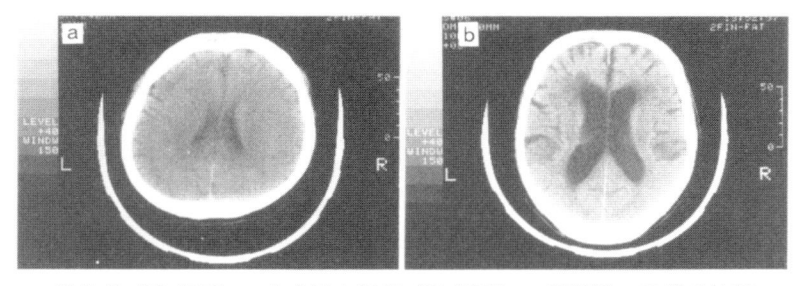

健常者（27歳男）aと痴呆症患者（60歳男）bの頭部CT像の比較

る場合に老年性痴呆と診断するのである．

　アルツハイマー症状なども，これとよく似ているが，この場合は向老期の早期におこることが多いので初老期痴呆とよび，一応は区別しているようであるが，このほかに脳血栓などの脳血管性の障害で痴呆症状をおこすことも多い．こうした場合に，知的刺激の乏しい環境のなかで，他人依存的な生活を続けたり，寝かせきりの状態が長く続くと，心理的なぼけの状態は，しだいにひどくなって，知的機能の全般的低下がおきてくるが，これを廃用性のぼけとよんでいる．

　高齢になると，よく度忘れすることが多くなって，人の名前が出てこないというが，これは突然たずねられたり，急に思いだそうとすると出てこないのであって，想起能力の低下のためであり，時間がたてば時ならぬ折りに突然思いだすものである．

　したがって，ぼけや痴呆の評価や鑑別診断には，かなり慎重な配慮が必要で，長谷川の考案による簡易知能評価スケールは，診察室で患者に問診する場合の質問項目として，医師にはよく利用されている．

　これは，(1)今日は何月何日何曜日ですか．(2)ここはどこですか，などから始めて，(11)たばこ，マッチ，鍵，時計，ペンなどの5つの物品を，一つずつ言わせてから，それらを隠し，何があったかをたずねるのであるが，得点によって老人の知能レベルを4段階に分ける．正常知能は31点以上で，軽いぼけ状態は，「ものごとへの興味の減退，計算障害，置き忘れをする，考えがまとまらない，注意力減退が認められる」人である．

　中等度のぼけ状態は，「最近の身辺のできごと，社会的事件の記憶障害，軽

い見当識喪失（道に迷ったりする）知的労働不能」の人，また高度のぼけは，「高度の失見当，ADL の支障が認められ，年齢，生年月日を忘れ，無為，好褥，失禁などをおこす」人という審査基準となっている．

なお得点 20 以下は，通常痴呆状態の疑いをもってよいと考えられている．

8．知能の診断と検査値

すでに述べてきたとおり，知恵おくれの問題から知能テストが工夫されたといったが，医学的には 18 世紀末に「他人と話ができるかどうか」というような知能の診断基準が医師によって立てられていたという．しかしイギリスの遺伝学者ゴールトンが，ある種の才能の遺伝性を統計的に明らかにする研究をすすめた結果，これが心理学に影響を及ぼして，判断力とか記憶力などの精神能力を見る方法を工夫し，個人差の遺伝性を実証する論拠とした．

このような，頭のよし悪しの個人差を特定の知能テストで測定したり，検査の結果を整理して IQ でしめすとか，偏差値で表すことは，教師の学習指導上の参考として，また医師やカウンセラーの臨床活動上の資料として役だち得る数値であるが，もうひとつは，発達途上にある児童や生徒，あるいは老化によって衰退傾向をたどる高齢者たち個々の知的機能をより的確に把握する方法は，知能診断を実施する医師やカウンセラー自身の認識能力に依存しているといえる．こうした観点から知能の発達を追及した代表的な心理学者はピアジェで，彼は生物学と論理学の広い知識により，独自の用語で自分自身の子どもの知識発達を観察した結果を発表している．

その内容については，すでに発達の章で説明したが，ピアジェは人が環境に積極的なはたらきかけをして問題解決をしていくことを同化 assimilation とよび，反対に環境が人間にはたらきかけて，人間はこれを調節 accomodation する活動をしているが，この両者のバランスをはかることを適応すると考え，知能はどんな適応的性質をもっているかを明らかにする立場をとって研究をすすめたのである．

彼の知能理論は，かなり生物学的色彩の濃い考え方であると同時に，脳機能と脳の構造の結びつきを考慮した思考を問題にしているから，現代心理学

のトピックスとなっている認知心理学と，その援用による人工知能の実現をめざす情報科学の分野に寄与するところ大であるとみられている．

さらに学びたい人へ

塩見邦雄　ほか編：心理検査・測定ガイドブック．ナカニシヤ出版，1984．
伊藤隆二・松原達哉：心理テスト法入門．日本文化科学社，1989．
波多野誼余夫・稲垣佳世子：知力の発達．岩波書店，1984．
滝沢武久・山内光哉・落合正行・芳賀純：ピアジェ・知能の心理学．有斐閣，1980．

第 2 編　心理学の応用

10 心の健康−メンタルヘルスとストレス−

1. メンタルヘルス

　今までの臨床心理学や精神医学では，研究や理論の中心が異常 abnormal ということにおかれてきたので，正常 normal ということは病状がみあたらないことであると考えられがちであった．したがって治療により病気を治すことに専念する問題に注目をしてきたけれど，最近は病気でないということが，かならずしも健康であるという証拠にはならないことに人々が気づきはじめた．

　世界保健機構（WHO）の宣言では「健康とは，単に疾病がなく虚弱でないというだけでなく，身体的にも精神的にも社会的にも完全に良好な状態 well being をいう」となっているが，さらに 1948 年の国際精神衛生会議で「心の健康とは，身体，知能および感情の点で，他の人々の心の健康と矛盾しない範囲で個人を最適に発達させる状態をいう」と定義している．

　わが国では，1950 年代の半ばすぎから経済社会の規模拡大につれて産業活動もしだいに活発となり，職場も急速に流動化しはじめて勤労者の精神健康管理の必要性が叫ばれるようになった．とくに交通関係での安全運転，航空機事故の防止対策などの問題と，もうひとつはハイテク化，コンピュータ化の急速な進展につれて，職場の健康管理が従来のような診断，治療中心の活動範囲の枠をこえて，精神健康の保持増進のためと，不適応者の早期発見への対応のためのメンタルヘルス・カウンセリング mental-health Counseling 導入の必要性が課題となってきている．

　しかし，こうした職場環境の変化のみに限らず，家族関係の葛藤から生じる離婚や夫婦別居と，それに伴う子どもたちの精神的影響の問題，さらには学校生活における児童生徒および学生の進路をめぐるトラブルなどの続発す

るなかにあって，従来の精神衛生の分野がとりあげてきた精神疾患をもつ障害者ならびに，その家族を中心とするケアや助言，相談のみに偏っていては，またそうした問題にまで援助のおよびがたい産業医や精神科医にのみ依存していたのでは，これからのストレス社会に対応することは困難であるとの認識から，最近では健康心理学 health Psychology という心理学の一部門が活動を始めるようになった．それと同時に，メンタルヘルス・カウンセリングの分野で，臨床心理を担当することのできる人材養成の必要性も，社会的に増してきている．

そこで，まずこうした課題の解決にあたって，もっとも基本的な概念となるストレスとその解消ないしは克服について考えてみよう．

2．ストレス

ストレス stress とは，もともと物理学でよく使われる言葉で，物体に外力を加えたときの歪みのことであるが，生理学者のセリエは，1930年代の半ばに生物の体内に生じた歪みの状態を意味する語として導入したことから，生体に有害な原因によって生じた傷害と防衛の反応を意味する言葉として広く使われるようになったのであるが，やがて精神身体医学あるいは心身症の治療や研究をする人たちがこの言葉を用い，さらに心理学の臨床家たちのあいだでもしばしば使われるようになった．

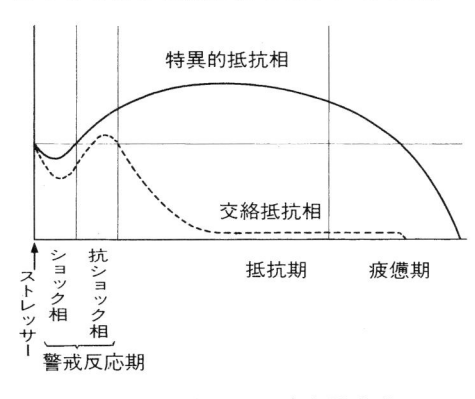

図10−1　ストレス反応を示す説明図

セリエは，『現代社会とストレス．1976年版』の自著で，「ストレスとは，生物組織内に非特異的に誘起された，あらゆる変化からなる特異な症候群のしめす状態のことである」と定義しているが，それをわかりやすく説明したのが図10−1である．つまり，いろいろな有害刺激，たとえば火傷をするほどの高い熱

とか，凍傷になるような低温などの有害刺激（これをストレッサーとよぶ）が身体に加えられると，旧皮質の視床下部，大脳辺縁系には自律神経の中枢があり，隣接して内分泌系の中枢である下垂体があるので，これらを介して，図10-2に示すような全身的適応 general adaptation のための反応をおこすのである．そこで生体は，図10-1にしめした警戒反応期には，ショック相，抗ショック相がひき続いておきて，体温低下，血圧低下，低血糖，神経系の活動抑制などとともに，急性の胃腸粘膜のびらんなどをおこすが，抗ショック相に移行すると，ショックに対する防衛反応として，副腎皮質分泌促進ホルモンACTHが下垂体から分泌されて，副腎皮質ホルモンをさかんに分泌する．それにつれて胸腺リンパ器官が萎縮し，ショック相に現われた変化の逆方向へ進む．

すなわち体温や血圧が上昇し，血糖値が高くなるなどで，次の抵抗期への過渡的移行の階段である．さらにこの相でみられる特徴は，交絡抵抗で，これは別のストレッサーが反ショック相にある生体に加わったとしても，その新たに加わったストレッサーへの抵抗力が増しているから，適応能力が高いレベルにあってしばらく安定状態が続くという時期である．

しかし，さらに刺激が長く続くと，疲憊期へ進み，適応反応が維持しきれなくなって，ショック相にみられた変化と同じ副腎皮質の脂質喪失，胸腺リンパ器官の萎縮が進み，やがて末期には死に至るのである．

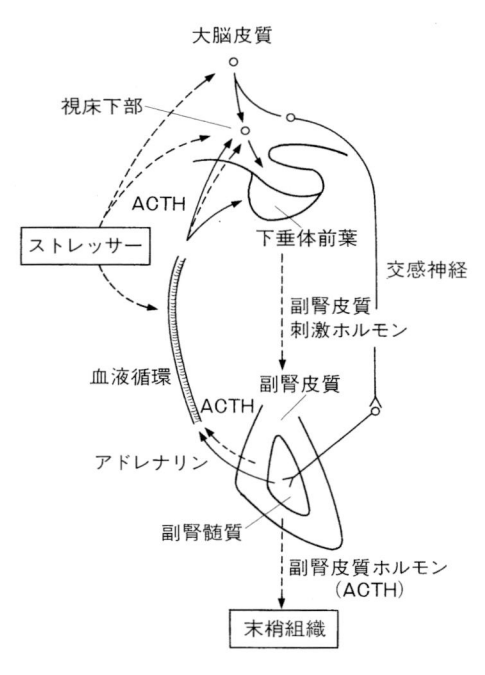

図10-2　ストレスの作用機転
（川上　佐藤陽，1968）

ところで，いままでの説明は生理学的なストレスのしくみを中心に述べてきたのであるが，心理学的にも，この考え方はそのまま当てはまる．仕事が忙しくて身体に疲れの信号がでると，これが警戒信号となって休息せよという防御反応がおきるはずである．しかし疲れということが非常に主観的な感じ feeling であって，かなり個人差のある現象のため，ストレス過剰の状態に気づくのが遅れ，さきほど説明した抵抗相を通り過ごして疲憊期まで進んでしまって，胃潰瘍の出血反応が現われてから，あわてて病院へかけつけるということになりやすい．それではどのようにして，ストレスを，とくに心理的ストレスを知ることができるのだろうか．

表10－1　ストレス度評価票（平井　富雄）

1.	なかなか寝つかれませんか	YES	NO	14. いつも仕事に追われている感じですか	YES	NO
2.	夜中にたびたび目を覚ましてしまいますか	YES	NO	15. 酒の席ではぐちっぽくなりやすいですか	YES	NO
3.	朝の寝おきは憂うつですか	YES	NO	16. 「仕事」を家へもって帰りますか	YES	NO
4.	朝食抜きで出勤しますか	YES	NO	17. 一人酒が好きですか	YES	NO
5.	「通勤ラッシュ」は悩みの種ですか	YES	NO	18. 仕事帰りにスナックや喫茶店に立ち寄りたくなりますか	YES	NO
6.	月曜日の朝は不快ですか	YES	NO	19. 仕事上の接待でやむをえず酒を飲まなければならない機会が多いですか	YES	NO
7.	午前中より午後のほうが仕事の調子がよいですか	YES	NO	20. 趣味が少ないほうですか	YES	NO
8.	昼食を外にとりにでるのはめんどうですか	YES	NO	21. 職場にどうしても性に合わない人がいますか	YES	NO
9.	仕事のため昼食時間を十分にとれないことがしばしばありますか	YES	NO	22. 有給休暇をほとんど使わないほうですか	YES	NO
10.	昼休みは一人で過ごしたいですか	YES	NO	23. 自分が上司からどう思われているか気になりますか	YES	NO
11.	会議で発言した自分の意見を悔やむことがよくありますか	YES	NO	24. 休日になるとかえってイライラしますか	YES	NO
12.	早く退社時間がくればよいと思いますか	YES	NO	25. 家庭でもゆっくりくつろげませんか	YES	NO
13.	残業をよくするほうですか	YES	NO	合　　計		

3. ストレス度評価法

　表10-1には，ストレス度を自己理解するための評価法の一例をあげた．この表のイエス，ノーのいずれかに○をつけて，イエスの合計点が15点以下か，それとも以上であるかによって，適応しているか，ストレス過剰の状態かを判定する．こうした評価尺度はいろいろな人によって考案，発表されているが，仕事と家庭生活のありかたの両面から，ごく簡単にストレス度を自己点検する手がかりとしては，ひとつの有効な示唆を与えてくれるであろう．簡便な予測の方法として，このようなアンケート方式の評定尺度法は，健常な人が心理的ストレスのために一時的に不適応におちいった場合には多少は有効であるが，潜在的な『こころの病気』を見出したり，神経症や心身症の発見と対処を検討するためには，信頼性のある妥当なテストによることが必要となる．またストレスの軽減が疾病の増悪や慢性疾患の再発を防ぐという多くの症例報告もあり，日常のストレスに満ちたできごとが疾病の大きなリスク要因となっている事実も否定できないので，どんなときにストレスがおこるか調べた結果，仕事上では表10-2の通りであるが，社会生活一般では離婚，配偶者との死別，近親者や自分の病気の長期間に亘る継続などが不健康状態のひきがねになる．したがって，こうしたストレス作因への心理・社会・生理的対処行動が適応への道を拓く重要な鍵となろう．

　もうひとつは，狭心症や心筋こうそく，動脈硬化，本態性高血圧などの心臓・血管系の病気にとって，大きな危険因子のひとつであるAタイプ行動について，ストレスとの関連性から検討しておくことにする．

4. タイプA行動とCHD

　タイプA行動は，フリードマンとローゼマンによって報告された臨床医学的に冠状動脈性心疾患 Coronary Heart Disease, CHD をひき起こしやすい人の行動特徴のことで，(1)エネルギッシュで活動性の旺盛な人柄，(2)ものごとの達成意欲が強い，(3)時間的切迫感が強い，(4)他人との競争心が強い，(5)他

第2編 心理学の応用　151

表10-2　職務上の出来事のストレス負荷ランキング　（N=203）

順位	出来事	ストレス負荷
1	退職の勧告	82
2	単身赴任	72
3	希望に反した新しい役割や仕事につくこと	71
4	勤務地の変更	71
5	出向	71
6	地位が下がること	69
7	仕事の上での上司からの厳しい忠告や訓戒	66
8	新しく大勢の部下を持つようになること	64
9	大きな説明会や公式の場での発表	64
10	重要でない仕事への配置がえ	63
11	仕事の活動やペースの著しい増加	63
12	海外出張	63
13	新しい仕事への配置転換	62
14	職場の環境（音，光，温度など）の悪化	62
15	仕事の方針ややり方の大きな変更	61
16	自分が長い間担当し，重視していた仕事の取消し	60
17	大きな組織変更に巻きこまれること	55
18	親しい友人の退職や転勤	54
19	昇進	53
20	緊急事態やしめ切りなどによる残業	51
21	技術革新（コンピューターや新しい機械の導入など）による仕事のやり方の変更	49
22	上司の交代	47
23	仕事の段取りが変わること	47
24	仕事の活動やペースの著しい減少	44
25	海外勤務からの帰国	43
26	新しいビルやオフィスへの職場の移転	34
27	大勢の仲間と一緒に働くようになること	32
28	同じ建物の中での仕事をする場所の移動	23

（渡辺直登，1986より）

人に対して攻撃心，敵がい心が強い，などの傾向がみられる人のことを指している．この反対の傾向がみられる人をタイプBとよぶが，タイプA者にとりわけ明白にみられるのは，大きな声で，強いアクセント，早い口調で断定的に会話するライフスタイルの特徴である．

図10-3に示すように，人口1000人あたりの心筋梗塞，狭心症，そしてす

べての冠状動脈性疾患の発生率は，タイプAの人が，タイプBの人の2倍と明らかな違いをみせている調査もある．このようなタイプAの人の行動は他人をいつも競争相手としているので，次々とより優れた成績をあげようとして自らを駆りたてていき，その根底には漠然とした不安感に襲われるという心理が潜在しているため，常にストレッサーを自分からつくり出しているのである．

こうした絶えざるストレスは，自律神経系やホルモンの働きに変調をきたす原因となってCHDの危険が高まるのであり，この傾向は50歳代でもっともはっきりしてくるという．

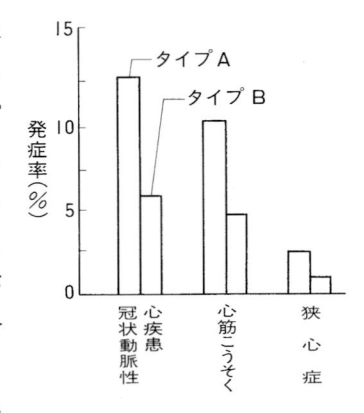

図10-3 タイプA・B両者における心疾患発症率の差異（Henry&Stephens. 1977）

とくに，わが国のサラリーマンやアメリカのビジネスマンたちの職場における健康管理についての調査によると働きざかりの年齢の人たちの心身障害や突然死などの頻発から，メンタルヘルスの必要性が叫ばれはじめたことはすでに述べたとおりである．はじめの頃にはアメリカで患者の心身両面にわたる自覚症状を比較的短時間のうちに調べることを目的として考案された質問紙法のテストが利用されていた．こうしたものの代表的なテストとして従来からCMIが用いられてきている．

5．CMI：Cornell Medical Index

これはウォルフらによって1949年に『医学的面接の補助手段』という題でアメリカの医学会誌に発表されたものが原版で，わが国では，金久，深町の両医学者によって日本語版が作成されている．

「胸や心臓のところに痛みがありますか」「動悸がして苦しくなることがありますか」などの身体症状の質問が，心臓脈管系，呼吸器系，目と耳など12項目にわたって144個，また，「人からじゃまされていますか」「いつもくよくよしていますか」などの精神的症状の質問項目6，質問数51，合計195

個の質問に「はい」「いいえ」で回答し，とくに精神的問題のスクリーニングの指標として，身体症状のうち「心臓脈管系」「疲労度」「疾病に関する関心」の3項目の訴え数と「不全感」「抑うつ」「不安」「感受性」「いかり」「緊張」という精神的訴えの数の組み合わせによって，精神症状の判別分類基準をつくり，神経症者の判別をおこなうように作成されている．

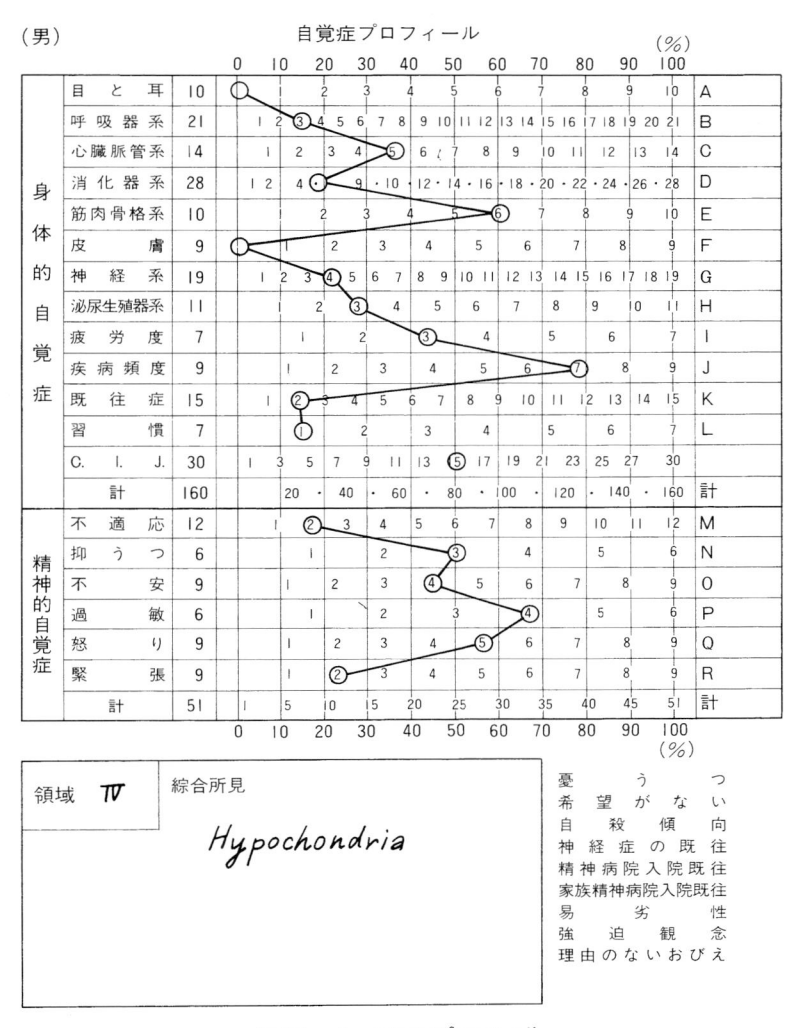

図10-4 CMIプロフィル

図10-4に，このアンケート調査の一例をしめしたが，身体的自覚症の項目では，筋骨格系の訴えが60％と半数をこえている．この人は，坐骨神経痛で整形外科医の診療をうけていたが，この訴えは当然であろう．また疾病頻度の項目が80％と，かなり訴え率が高い．

これは，入社後の3，4年後に，潰瘍性大腸症候群で手術をうけたり，コンピュータのワーク・ステーションに配属されてから，頸，肩，腕の痛みで通院を繰り返していた．さらに，精神的自覚症の項目中の過敏と怒りの訴えが50％を超えていて，この調査紙の整理法によれば，心気神経症 Hypochondria のカテゴリーにはいるという所見である．

しかし，このCMIでIV領域（神経症域）と判別されたからということで，即神経症という診断がついたということにはならない点を注意しなければならない．このことは，あらゆるアンケート調査票の取り扱いに共通した問題であって，ある会社で30年以上にわたる診療を続け，精神保健管理の仕事をしている医師が，約6,000人の健診時にCMIを実施し，IV領域にはいった人たちを直接に診断した結果，下の表10-3のような内訳となったという．

表10-3　CMI. IV領域者の診断結果

臨床診断	内訳
神経症	4人 (4.4%)
心身症（自律神経失調を含む）	7人 (7.7〃)
性格に基づく不適応	31人 (34.1〃)
てんかん	3人 (3.3〃)
とくに異常なし	46人 (50.5〃)
計	91人 (100〃)

つまり，アンケート票の半分は，自分自身の状態に理解不十分であり，性格に基づくあるいは自律神経の失調を含む心身症の状態などによる職場不適応者が，いわゆる不定愁訴の多い人であるということがわかるであろう．

職場不適応の状態が発生するのは，ひとつには個人的要因として仕事経験の未熟さ，年齢，性格ならびに精神障害などに加えて，ストレス要因として職場のありかた，とくに人間関係，生活の変化などのため，仕事上の失敗やミスで挫折したり，働く意欲を喪失して，抑うつ状態に陥ることに原因がある．したがってメンタルヘルス・カウンセラーは，こうした人々の早期発見，早期介入によって，悪化や危機状態にはいりこまないうちに，立ち直りをはかることへの援助の手をさしのべるところに，現代のストレス社

会における専門職者としての役割がある．

さらに学びたい人へ

ジョージ C. ストーン編著・本明寛・内山喜久雄監訳：健康心理学．実務教育出版，1990．

田多井吉之介：ストレス ― その学説と健康設計への応用 ―．創元社，1983．

林　潔：不安・抑うつ・ストレスとカウンセリング．ブレーン出版，1988．

西川好夫：ストレスの心理学．日本放送出版協会，1974．

第2編　心理学の応用

11

心理臨床－サイコセラピー－

1. 臨床心理学

　人間の苦悩の性質について深く理解し，心理診断 Psychological assesment や心理療法 Psychotherapy などの実践活動に専門職として従事するためには，これまでに述べてきた心理学の基礎的知識とともに，発達，性格，知能などの広範囲におよぶ来談者 client の全人間像についての理解と洞察力をもつことが必要になってくる．このような人間の適応とかストレス克服の問題に，心理学的原則を応用する科学，ならびに技術を臨床心理学 Clinical Psychology というが，19世紀末のアメリカではじめての心理診療所をペンシルバニア大学につくったウィットマーが，この言葉を使いはじめたといわれている．

　したがって，はじめの頃には精神検査，つまり知能テスト mental test に重点がおかれ，主に知的な面からの個人差測定を重視していたが，20世紀のはじめには，しだいに力動的心理学 dynamic Psychology の影響をうけて，人間行動の動機や，適応，人格変容などの問題に関心が移り，とくに第2次大戦前後の頃から，精神分析の考えかたをとり入れ，これと相前後して精神衛生運動の普及とともに，病院とくに精神病の治療にも関わりをもつようになって今日に至っている．

　ところで，20世紀のはじめにアメリカでは，F.パーソンズによって提唱された職業指導運動が全国的に広まって，青少年の進路相談をうけるカウンセリング Counseling 活動が行なわれるようになった．これはやがて学校内における相談助言活動として導入され，ガイダンスとして発展し，児童，生徒や学生の教育活動を支援するうえに重要な役割を果たすようになったが，こうして現在では病院や学校に限らず，広く産業の組織や諸官庁に専門職のカウ

ンセラーを配置し，メンタルヘルス・カウンセリングがいたるところで行われるようになってきている．

　それにしても，人の行動を理解するには，その人の人格的条件と，その時の環境条件との関連を的確に把握することが第一歩である．そのためにはまず，患者やクライエントから相談をうけた時には，援助を求める人に面接して家族関係や生育歴を調べ，心理学的な行動観察を行なったり，テストをして相手の性格特性や，不適応の要因などを発見しなければならない．この意味で，臨床的面接のことを心理診断とよぶことは適切であろう．しかし，診断ということは治療という行為を前提としているため，来談者との意思の疎通 rapport を確立しておかなければ治療的な人間関係の成立は困難であるから，臨床的面接こそ問題解決の鍵であるといってよい重要課題なのである．この面接の際に，来談者の性格，知能あるいは適性の把握のために心理テストを実施するが，つぎに心理診断用テストについて述べておく．

2．性格テスト

　性格テストは一般に人格検査（パーソナリティテスト）ともいわれる心理診断の一方法である．心理テストの目的は，臨床的観察を多面的に，かつ細かく客観化するために考案作成されたものであるが，これを大別すると知能テストと性格テストに分けることができる．

　このほかに，適性テストや職業興味テストあるいは親子関係診断テストなど，あるいは安全態度しらべ，職場従業員の仕事態度調査および健康度や疲労度調査なども評定尺度法を採用して実用に供されているが，知能テストについては，知能の項で述べたので，ここではまず性格テストについて詳しく説明する．

(1) インベントリーまたは質問紙法

　人間の性格特性，つまり個性を知るために，用意された質問項目に対し，被検査者が自己判定をする方法であるから，多くの人格目録を記入した用紙にイエス，ノーで答えていくが，質問に対する回答者の意図的な誤りや，主

観によって結果が歪められる欠点がある．また質問の意味が，いろいろ人によって違った受けとりかたをされることがあるので，こうした面のチェックが難点でもある．

(a) MPI（モーズレ性格検査）

元ロンドン大学教授で，モーズレイ病院の心理部長であったアイゼンクが中心となってつくられた Maudsley Personality Inventory を，わが国の MPI 研究グループが日本版として作成したものが使われている．このテストの得点は，神経症的傾向をしめす N 得点と，外向性（この逆は内向性）をしめす E 得点の2種で，もうひとつ L 尺度 Lie scale（虚偽尺度）を付加しているのが日本版の特徴で，これは，被検者が自分をよく見せようとする傾向をチェックするための得点で，これが高い場合には，そのテスト結果に信頼性がないという判定になる．

このテストは，大学の相談部門（たとえば学生相談室）で，新入生のなかに神経症傾向の得点が高い学生がいるかどうかをスクリーニングして，その後のカウンセリングや学生指導の資料として活用したいというような場合には，質問数が比較的少なく，実施後の整理法も簡単であるから便利であろう．

(b) MMPI : Minnesota Multiphasic Personality Inventory

これは 1940 年に心理学者のハサウェイと精神科医マッキンレイによって作成された．目的は正常者と精神病患者を判別する臨床的な診断資料とすることにある．しかし，同時に正常者の人格特徴のバランス，つまり社会適応の程度を判定するめやすとなるので，カウンセラーのテストとしても適していることはもちろんである．わが国では，ミネソタ多面的人格目録とよんでいるが，ミネソタ大学でミネソタ州民を統計的母集団として作られたところから，このような呼称にしている．日本 MMPI 研究会が編集した『日本版 MMPI ハンドブック』には，アメリカ版の被検者と日本人の場合との質問に対する応答のちがいが，正常人では一般的に標準尺度で高く，分裂病患者ではなお一層高いということが記されている．

このマニュアルは仙台少年鑑別所と，東北大学の心理学関係の仕事をしている専門家のグループが共同研究をして作成したもので，応用的な研究としては，交通事故多発運転者と無事故運転者の比較や，学校における精神衛生

管理への適用などによって，結果の妥当性，信頼性を検証したものである．また東大版（TPIとよぶ）は，臨床群として神経症的傾向のある十二指腸潰瘍患者に実施して，健常者群との差を検討した結果，Hs, D, Hyなどの尺度に有意性を見出しているという．

いずれにしても，アメリカ版の本来の尺度以外に，新たな尺度を追加したり，日本人には不適切な質問を除いたりなどの改訂を加えてはいる．質問の項目数は550であるから，応答する被検者にとってはかなり苦痛なテストである．これをなんとか飽きないようにさせる工夫としてカード版を作成したりしているが，このカードは採点整理にも利便性が高いので，病院におけるテストには有効と思われる．また，テーラーが，不安の程度を測定する目的で，アメリカ版550の質問項目から50項目を選んで作成した MAS：Manifest Anxiety Scale（顕在性不安検査）は，自律訓練法などの精神療法の効果判定の資料として利用されている．

(c) Y－G性格検査 （矢田部－ギルフォード性格検査）

1940年代にアメリカのギルフォード（J.P.Guilford）らによって作成された質問紙法のテストを京大の矢田部，園原両教授が翻訳し，その後，辻岡美延関西大教授が改訂して現在のテスト用紙となったもので，学校，会社や工場，ならびに病院など，わが国ではもっとも広く普及し，使用頻度の高い性格検査である．質問項目数は120で，応答する被検者にわかりやすい内容になっている．整理，採点法も容易なので，利用しやすいことが普及の理由である．表11－1にこのテストの整理結果をプロフィルとしてしめした一例をあげたが，12の検査尺度のそれぞれは，1尺度10個の質問から構成されていて，たとえば「気分の変化」の尺度の質問として「気持ちを顔に表わしやすい」「興奮するとすぐ涙が出る」「早く決心すればよかったと悔やむことが多い」などに，「はい」，とか「いいえ」，といった答えを書き入れていくのである．

この12の尺度がしめす性格特徴は，プロフィルの下に記入されたとおりで，これらから統計的因子分析法によって6つの特性因子を抽き出し，表にしめしたように系統値を算出して判定する．この例では，右下り型，安定積極適応タイプのD型と診断される．

これらのほかに表11－2には，CPI, EPPSを記入してあるが，前者はカリ

160　11　心理臨床－サイコセラピー－

表11-1　YG性格検査プロフィール

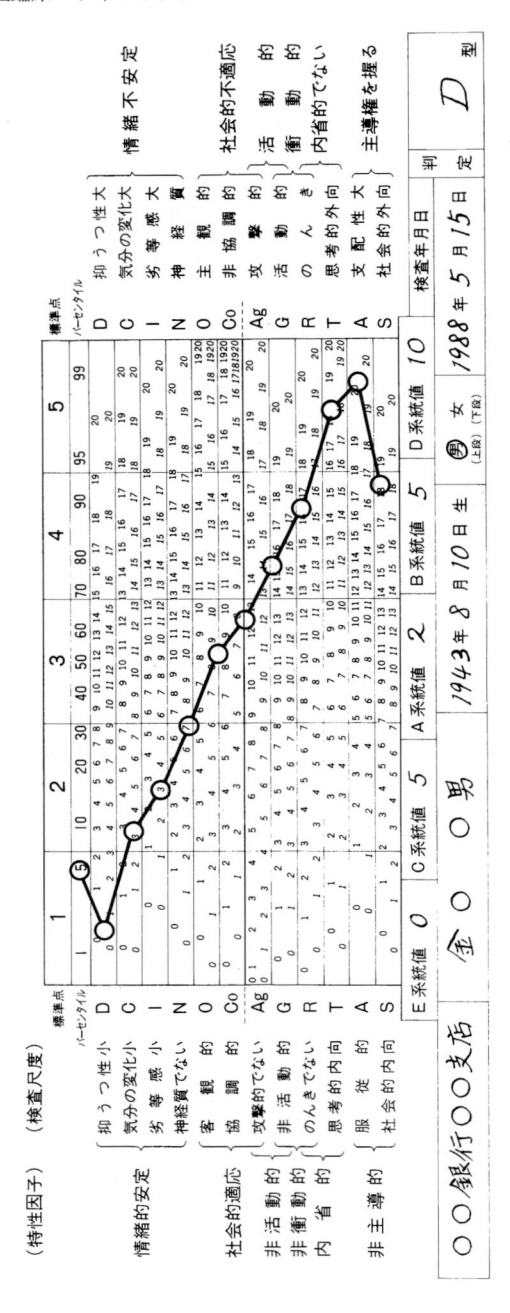

(特性因子)　(検査尺度)

情緒的安定	抑うつ性小 気分の変化小 劣等感小 神経質的でない 客観的 協調的	— 抑うつ性大 気分の変化大 劣等感大 神経質的 主観的 非協調的	情緒不安定
社会的適応			社会的不適応
非活動的 非衝動的 のんきでない 思考的内省 服従的 社会的内向	攻撃的でない 活動的でない のんきでない 思考的内向 服従的 社会的内向	攻撃的 活動的 のんき 思考的外向 支配性大 社会的外向	活動的 衝動的 内省的でない 主導権を握る
非主導的			

| E系統値 0 | C系統値 5 | A系統値 2 | B系統値 5 | D系統値 10 | 判定 D型 |
| ○○銀行○○支店 | 金 ○ ○ 男 | 1943年8月10日生 | 男(上段)・女(下段) | 検査年月日 1988年5月15日 |

フォルニア大学のゴーツの作成した人格テストで，MMPIと類似であるが，一般の健康な人の社会適応性を診断することを目的としている．また後者はマレーの人格理論に基づいた人格テストで，エドワーズによって作成され動機測定に適している．

(2) 作業検査法

このテスト法では，精神作業検査とよばれる内田クレペリン・テストがもっともよく普及している．しかし精神作業といっても，とくに頭を働かさなければできない仕事という意味ではなく，一定の目的のもとに一定の成果を収めようとする人間の精神活動のすべてを指しているのであって，そこには目的を意欲的に達成しようとする心身の働きが全面的に表出されるのである．

ドイツの精神医学者クレペリンは，一けたの加算作業の経過から，こうした精神活動の様相を観察しようとして，数分間から数時間にわたる連続加算を行なわせた結果を作業曲線に表し，作業量の変化をみた．これはもともと作業疲労の研究に目標をおいて行なわれた研究であったが，わが国の内田勇三郎が臨床心理学的な研究としてこれを導入し，精神障害者と健常者との相違を比較検討したのがはじまりである．したがって性格テストというよりは，むしろ適性テストとして使用されることが多く，学校では進路指導の資料を求める目的で，また会社や官庁の採用時，人事業務の参考に供するために行なわれることが多いテストである．

同様な方法を採用したブールドン抹消検査は，図11－1にその一部をしめしたとおりの用紙を使って，正方形の左肩にある記号を選び，できるだけ速くそれを消すよう被検者に求める作業検査である．

図11－1　ブールドン抹消検査

またダウニー意志気質検査は，10種の下位テストから構成され，判断の速さ，自己抑制力，自信度などの面から性格を把握するものであるが，これら

2つのテストは内田クレペリン・テストよりも使用頻度も少なく，その意味づけも明確さに欠ける．

(3) 投映法

投映法 projective technique は，知能テストや性格テストなどの在来の標準テストないしは客観的心理検査とは，まったく性質の異なる考え方で行なわれる心理診断法である．マレーは，漠然としていて曖昧な刺激図形や絵，あるいは書きかけの文章の後を自分の想像で書き続けるなどの場合には，被検者の要求や葛藤がそれらへの応答に表現されるというが，この考え方が投映法の根幹をなしている．しかし，漠然とした図形とか曖昧な絵を見るということは，客観的に誰が見ても同じ見方ができないということで，つまり主観的な見方をさせることによって，その人の個性を窺い知ろうとするところにこの方法の意図的本質がある．

(a) SCT：Sentence Completion Test （文章完成テスト）

不完全な文章をしめして，その後を被検者に自由なやりかたで完成させるテストで，わが国では精研式文章完成テストが広く用いられている．もともとは，ユングの言語連想テスト法の変形として考案されたというが，そのねらいはパーソナリティと，その決定要因を把握することにある．パーソナリティとしては知的側面，情意的な面，生活態度とか人生の目標など，さらに安定感，不安感の程度などを知ること，また決定要因とは，容姿，体力，健康ならびに家庭的要因として家族，生育歴，家庭の社会的地位や経済条件，社会環境条件などを明らかにしようとするために実施される．

したがって，かなり広い範囲にわたる評価項目を，個別にひとつひとつ適切に検討することは，実際に長い経験を積みかさねたカウンセラーでも至難のわざである．そこでまず知的側面のレベルと情意的な面，つまり性格類型とを主な柱として，全項目にわたって総合的評価をするインスペクション法がとられている．

(b) ロールシャッハテスト （Rorschach Test）

このテストは，スイスの精神科医のロールシャッハが1921年に発表したもので，白い紙の上に1，2滴の黒インクを落とし，それを二つに折ってから

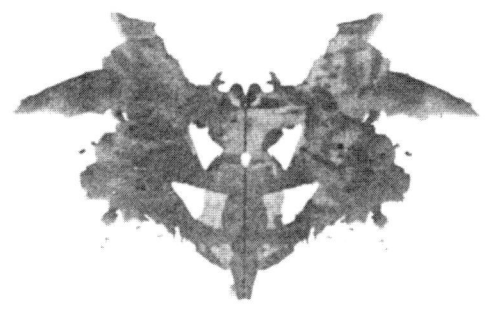

図11−2　ロールシャッハテストの図形

開くと，奇妙なシンメトリーの図形ができる．このようなインクのしみ (ink blot) に似た図形を10枚1組とした刺激材料を被検者に見せて「この図は何に見えますか」とたずねるものである．10枚の中には色のついた図形もあるが，多くは白黒図形で，その一例を図11−2にしめした．

ロールシャッハはこのテストによる診断法を Psychodiagnostik（精神診断学）という標題で出版した．これが検査法の原典となっている．ところが，このテストはアメリカに紹介されてから体系化され，多くの臨床精神科医および心理臨床家に使われるようになって，世界の各国に採用された．彼は，このテストが知覚ないしは統覚（知覚的イメージと記憶像との連想的な同化作用という意味）の検査であり，この知覚の選択性が人格のいろいろな面を反映すると主張した．たとえば図11−2をみて，「コウモリ」と答える人はコウモリを見ている，またはコウモリについて知っていると解釈してよい．

このように「何に見えるか」と問われて，もっとも答えやすいのは自分の日常生活のなかの身のまわりに存在する具体的なもの，たとえば生物や人間などである．とくに，その物の形であるから反応を決定した要因（反応決定因とよぶ）や図形のどの部分をそのものに見たか（反応領域とよぶ）などを面接中に記録する（プロトコールをとるという）のである．こうした知覚の選択性を重視する原図形作成者ロールシャッハの解釈のほかに，精神分析の自我理論の立場から，自己の思考過程，現実を吟味，検討する能力，対人関係の結びつきなどを統合して組織化していく力量を評価する解釈法をとりあげる専門家もいるが，いずれにしても精神障害者の鑑別診断や向精神薬の治療効果の判定等の病院臨床にたずさわる医師，心理臨床家たちにもっとも多く採用されているテストである．

(c) TAT : Thematic Apperception Test （主題構成検査）

これは**主題構成検査**とよばれ，マレーによって作成されたが，彼は「あるできごとには始めと終わりがあり，終始一貫した主題を規定するものは，人びとの要求と圧力の関係，すなわちそのできごとに関係している人たちと環境との相互関係である」ということから，とくに作成した絵をみせて，その絵を中心にした空想的物語をつくらせて，被検者の要求と圧力関係を分析するものである．そこで，どんな絵がよいかということがもっとも問題になるが，日本版のものとしては精研式の図版が成人用では多く利用されているようである．

このテストの結果の分析は，SCT の場合にやや類似していて，インスペクションを主体にした解釈を試みている臨床家が多い．またテスト対象者としては，空想的物語をつくり出す程度の能力はなければならないので，正常な成人に適用することになりがちであることは，ロールシャッハテストとの大きな相違点である．

また，分裂疾患患者とか，てんかん発作をおこす人などの写真をまぜた 48 枚の写真をみせて，好きな写真と嫌いなものとを 2 枚ずつ選ばせ，その被検者の衝動プロフィルを得ることを目的としたテストをゾンディが考案した．このゾンディテストも病院臨床用のプロジェクト法として利用されている．

(d) P−F スタディ ; Picture Frustration Study

ワシントン大学のローゼンツワイクによって考案されたテストで，図 11−3 にしめすような絵の左側の人物のことばに対して，右側の人物がどう答えるかを被検者に書かせるのである．このような 24 枚の絵の場面は，すべて欲求不満の様子を描いたもので，こうした場面に対処する被検者が，攻撃的傾向かどうかということと，もう一方で

図 11−3　P-F スタディ

は反応の型が自我防衛タイプか要求強調型かなどの11種の評定要因にてらしあわせて採点するように作成されている．しかし，このテストの根拠となっている欲求不満－攻撃仮説も，また前項に述べたマレーの欲求－圧力仮説にしても，その評価法と準拠仮説との間の整合性にいま一歩不足な点があることは問題点であり，さらに，くり返して同じ人をテストしたときの結果に同じ評価を得られない欠点もあり，こうした投映法では検査そのものよりも，むしろ検査者の豊富な使用経験と心理学的に深い洞察力をもっていることが重要といえる．

(e) その他の投映法テスト

表11－2の投映法に，HTPテストというのがある．これは教育や心理臨床の場において被検者に鉛筆やクレヨンで紙に人・木・家（House－Tree－Person）の絵を描かせてその被検者のパーソナリティを診断する方法である．

こうした描画テストは，人や木などを単独の課題として描かせたり，家族を描かせたりなどさまざまな方法がある．

図11－4 思春期やせ症（15歳）の女子の家族画（NHK市民大学：家族関係の病理，1986，大原健士郎浜松医大教授担当より）台所に立っている母親の後姿を描いているが，食物や調理材料はまったく描かれていない．

いずれにしても，描画テストは診断と同時に心理療法の補助手段として用いられているもので，教育の立場でとりあげる場合にはイメージ表現ということになり，芸術教育の一局面として評価されることになる．

また，サイコドラマ Psycho-drama（心理劇）は，モレノが創案した心理療法で，これを心理検査として利用するときには，被検者の空想と現実とを比較して，それらの関係のしかたを把握する目的で行なうのである．

もともとこれは自発性と役割の理論を現実的行為に結びつけ，役割を演ずることによりパーソナリティの変容を目ざす集団療法であるから，社会生活

と結びついた適応性を把握しようとする診断法としては有意義であるが，被検者が検査をよく理解して，検査者に協力するまで徹底的に納得させて，十分なラポールをつけておくことが前提条件となる．以上をまとめると代表的な性格テストとは表11-2に示すとおりである．

表11-2　代表的な性格テスト

方　法	種　　別	特　　徴
目　録　法 (インベントリー) または質問紙法	MPI（アイゼンク） MMPI（ハサウェイ・マッキンレー） TPI（東大版） MAS（顕在性不安検査） Y-G性格検査（矢田部-ギルフォード） CPI（カルフォルニア大版） EPPS	精神疾患関係の臨床尺度使用 健常者中心の適応性尺度使用 動機の把握
作業検査法	内田クレペリン精神検査 ブールドン抹消検査 ダウニー意志気質検査	数字の加算法 ｝精神作業法
投　映　法	SCT（文章完成法） ロールシャッハテスト TAT（絵画，主題構成法） ゾンディテスト PFテスト（絵の会話完成） HTPテスト サイコドラマ	言語刺激 インク・ブロット 絵画空想物語 写真使用 絵 家・木・人の描画 心理劇

3．性格テストの種別と特色

　これまでに述べたほかにも実用されている性格テストの種類はかなりあって，これらの諸テストがそれぞれパーソナリティのどのような側面をとらえることに特色があるのかということを決めるのは，必ずしも容易ではない．
　これらの諸検査の特色を図式化するならば，シュナイドマン（Shneidman, E.S.）にしたがって，図11-5のような関係としてあらわすことができる．
　この図式は，フロイトの精神分析学にならって，人格が意識から無意識に

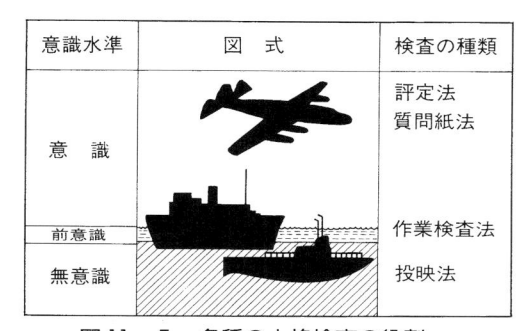

意識水準	図　式	検査の種類
意　識		評定法 質問紙法
前意識		作業検査法
無意識		投映法

図 11−5　各種の人格検査の役割
(Shneidman, 1954)

いたる層をもつという設定のうえにたっている．このように図式化するかぎりでは，評定法や質問紙は意識の表層を問題とし，投映法の一部（TATやロールシャッハ法）は無意識的な層をさぐり，作業検査法や投映法の一部文章完成法，ベンダー・ゲシュタルト法などはその中間(前意識水準)をはかることになる．

4．心理療法

　心理臨床家は，相談助言ならびに心理治療を求める人に，正しい診断をし，正しい指針を与え，必要な場合には**心理療法**を行なって，本人の適応性をたかめ，問題を解決ないしは，悩みや苦痛を軽減するのが専門的なカウンセラーとしての役割である．その際の対象者として，

(1) 弱視者，盲者，難聴者，聾者，言語障害者，病弱者，虚弱者などで，とくに義務教育年齢の期間は養護教育の対象となる者

(2) 虞犯，非行，犯罪者などの矯正保護の対象となる者

(3) 登校拒否ないし学校恐怖症，自閉症，攻撃行動などの行動異常，緘黙(かんもく)，知恵遅れ，情緒障害などの症状をもつ者

(4) 夜尿，頻尿，異食（拒食，過食）チックなどの悪癖をもつ者

などのように多様な症状の人びとがいる．また，最近は心身症とかノイローゼの患者や精神障害をもつ患者の病院臨床を担当する職員として，心理臨床の専門家が勤務している施設もしだいにふえてきている．

　さらに，会社や銀行あるいは官庁などの組織体でも，専任や嘱託のカウンセラーをおくような機会もふえてきている．

　心理療法として知られている治療技法は数十種をこえるほどあるから，個別に説明することは困難であるが，代表的なものとしては，

(1) 精神分析療法
(2) 現象論的，人間学的実存療法
(3) 行動療法
(4) 集団療法
(5) 家族療法

などをあげることができる．しかし，精神分析療法といっても，フロイトを継承する伝統的な治療家もいれば，分析心理学の立場にたつユングの考え方を基本とするカウンセラーもいて，非常に多彩な現状である．

こうした療法の違いの根本は，それぞれの臨床家自身の人間観，すなわち依拠する人格や性格論の相違にあるわけであって，たとえば行動療法を提唱するアイゼンクは，神経症的反応傾向の研究を中心とし，性格の次元では外向，内向という脳神経系全体の興奮レベルの条件づけを治療技法のなかにとりいれて，症状除去の専門的技法を発展させ，部分的に不適切な行動や症状の解消に効果をあげている．彼は，下図にしめすように，神経症的反応傾向が，内向と外向性の人で正反対の遺伝傾向をもつことを双生児の比較によって確認したり，遺伝の割合についての文献研究から仮説的な病理を主張している．

こうした見方とともに，療法としては学習行動の理論を適用しているのであって，オペラント条件づけを援用したトークン・エコノミー法，ウォルピの脱感作療法などもこの系列に属する心理療法である．ところで，心理療法家とカウンセラーとはどのように違うかというと，カウンセリングというのは，その語源からいうと相談，指導，助言という意味で20世紀のはじめに，個性とよく適合した職業を選ばせる職業進路指導の技法として発展したものが，学校のガイダンス活動として応用され，さらに社会適応に失敗した成人にまで拡大されて普及するにいたったもので，これについては次の章で述べることにするが，

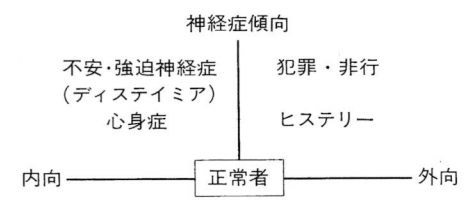

図11-6 アイゼンクの病理説明図
（水島恵一著，臨床心理学，大日本図書，昭61より）

心理療法は，もっと深い領域の問題を扱う長期間を要する働きかけである．

たとえば**アルコール依存症**，つまりアル中といわれる症状がでると，時と所をわきまえた酒の飲み方ができなくなり，体内にアルコールの成分がきれてくるとがまんできずに飲酒をくりかえす．なんとか離脱しようと禁酒すると，イライラなどの過敏な情動障害や，ふるえ，発汗，嘔気などの禁断症状をおこし，ひどくなると「壁に虫がはっている」などの幻覚や妄想をおこしたりするようになる．

このようになる人は，自己中心的で子どもっぽい性格の人に多いとみられるが，わが国ではある種の反省療法として**集中内観療法**とよばれる非指示的ではあるが，きびしい面接療法をおこなっている療法家もいる．

いずれにしても，心理臨床の専門家の養成と訓練は，適切なカリキュラムと指導者を伴なう大学院レベルの教育に基礎をおくべきであり，わが国では，この面の準備が現在なおととのえられていない現状である．

さらに学びたい人へ

水島恵一：臨床心理学．大日本図書，1986．
村瀬孝雄・野村東助・山本和郎：心理臨床の探究．有斐閣，1984．
橋口英俊編著：新臨床心理学入門．建帛社．1985．
内山喜久雄：行動療法，文光堂，1979．
辻　悟・河合隼雄・藤岡喜愛・氏原寛編著：これからのロールシャッハ．創元社，1987．

臨床心理学の入門書
倉光　修：現代心理学入門5　臨床心理学．岩波書店，1995．

第 2 編　心理学の応用

12 カウンセリング－心と心のふれあい－

1．カウンセリングの論拠

わが国の臨床心理学者ならびにカウセリングの専門家のなかで，1950年代に導入，紹介されたロジャーズの非指示的カウンセリング，あるいは来談者中心のカウンセリング技法の洗礼を，多少とも受けていない人は少ないのではなかろうか．それほどに彼のカウセリングは心理臨床の仕事に求められる科学とわざ art に強いインパクトをを与えてきた．

既に前章で述べたとおり，カウンセリング活動のはじまりは，青少年の職業指導のための助言と相談であったが，しだいに非行や情緒的問題行動，あるいは不適応行動に対処する心理療法と，ほぼ類似する活動になってきている．たとえば「いのちの電話」などとよばれるテレホン相談や，手紙，テレビ，ラジオ相談などを含むかなり広い範囲にわたる人びとへの，社会的介入活動となってきている．

ところで，実際のカウセリングには，理論があるのか，あるいは必要なのかという論議は古くて新しい問題点であって，さきに心理臨床の仕事には，「科学とわざが求められる」と書いたが，この科学とは，自然科学の法則や原理とは違うということである．それは，カウンセラー自身がよりどころとするロジャーズの理論であってよいし，また精神分析の理論である場合もあろうし，時にはアイゼンクの行動療法の考え方であるかもしれないということである．たとえばロジャーズは，「心理的不適応は自己概念 self-concept と一致しない行動を繰りかえすとき起こる」と主張し，不適応状態にある人間は，不安や恐怖感におそわれて防衛的になる．その結果として，故意に自己のおかれている状態を歪んだものにさせていって，結局はより一層自己概念が閉ざされた状態に追いこまれると説き，この自己概念との不一致のために意識

にのぼることを拒否されてきた経験が，カウンセラーの無条件的なカウンセリー Counselee（来談者）受容の態度と共感的理解によって，明確に知覚されたときに，すなわち気づかれたときにパーソナリティ変化の決定的瞬間が生起することを強調する．

彼は問題児を健全で適応的状態に矯正治療させる児童相談の仕事から臨床家として第一歩をふみ出した1930年以来，40年を超えるカウンセリング活動の体験過程のなかで，カウンセリーが「どうして自分はこうなってしまったのだろう」「何故自分だけが，こんなことに悩まなければならないのか」という，自己のあり方への疑いや，不確実感をもっていることに着目し，その個人の成長や適応へと向かおうとする力，過去よりも，今ここでのあり方，そしてカウンセラー・カウンセリー関係のあり方の重視によって，自己の快復，すなわち**自己実現** self-actualization を志向するカウンセリング論を提唱した．

彼が自分の臨床経験を発表した時は，職業指導運動や精神測定運動がアメリカで最盛期の頃であったとともに，精神分析の方法がカウンセリングの普及発展に絶大な影響を及ぼしていた時代であった．そのため自己実現を人生進路決定の究極目標とする職業心理学や産業心理学に彼の考え方が大きくとり入れられている．

2．適応の指導

われわれの社会生活は，多かれ少なかれわれわれの行動を拘束し，コントロールするから，その社会の規範にしたがって行動するならば，社会との調和が保たれ，望ましい人間関係も生み出されていくが，その反対に社会の要求に沿わず，社会秩序を乱すような行動をとると，その人は問題視され，不適応者として非難される．

学校の児童，生徒は学校という社会に適応し，職業をもつ成人は職業社会に適応した行動をとることによって社会はその人を正当に評価するもので，適応指導（ガイダンス）とは，こうした生徒や職業人が社会生活を送るなかで，もっとも望ましい適応の機会を見出していく過程を援助してやる活動で

あるといえるであろう。したがってどんな危機的場面にあっても、また困難な問題を背負っても、終結的な解決はその人自身が当たることによってのみ切り抜けられるもので、当面の解決に援助を与えるための指導は、その人にとって大変望ましいことであるが、それは自己指導に高められるものであってこそ真の指導といいうるであろう。さらにつけ加えるならば人間にとって、たしかにフラストレーションやコンフリクト（葛藤）は危機感を与え、緊張を生じさせるものであるが、これを克服することによって、その人は調和のとれた弾力性に富む人格の持ち主にきたえられるものである。

同じように解決困難な場面に遭遇しても、フラストレーションに耐えぬいた経歴をもつ人ならば立派にこれを解決して前進できるであろうし、別の人は緊張にうち負かされて、安易ではあるが社会的には承認されない不良集団のなかに逃れてしまうような例を数多く見聞しているであろう。青少年を指導する立場にある教師はもちろん、学校関係のすべての人々および職場における指導的地位にある者は、この適応指導ということを社会的責任として担っていることを深く心に留めておく必要があると思われる。

ところで、われわれは環境とのあいだで、エネルギーや情報の交換を行なって、相互のバランスを維持し、条件をととのえながら日常生活を続けている。このような生命維持のための自己調節、ないしは均衡維持の機能を、生理学者のキャノンは**ホメオスタシス** homeostasis とよんだが、この考え方は心理学にとり入れられて、欲求説および動機論を発展させた。つまり、水分が不足すると水が飲みたくなり、糖分が不足すると甘いものが食べたくなるというように、人間や動物の側の何らかの不足状態が、欲求 need のある状態である。このような生理的不均衡状態だけではなく、友達から無視されて仲間に入れてもらえない子どもは、仲間に加わりたい、友達に認められたいという心理的欲求にかられるのである。後者の心理的欲求については、マレーが達成欲求、優越欲求、理知欲求、さらに獲得欲求、保持欲求など20を超える欲求に分類している。

さらにマスローは、人間性の研究から欲求の段階的発達説を提唱し、低い段階の欲求が満たされるにつれて欲求の現われかたが、だんだんと高次のものに移り、最終的には自己実現の欲求に到達する。これが人間性の最高価値

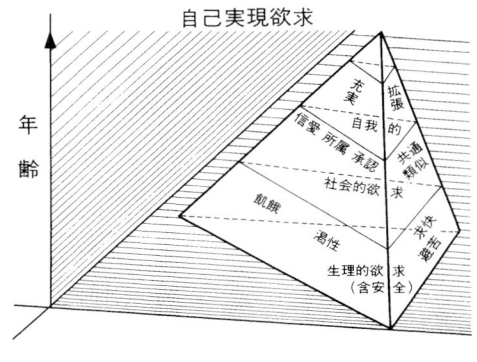

としての至高経験であると説くのである.

そこで,ある欲求がつねに満たされない状態が続いたり,要求を拒否されたりするときに,人は反抗したり,逆に自信を失って無気力になる.それほどはっきりとした理由もなしに,やたらと反抗的であったり,攻撃的な行動を示す多くは,外面からみただけでは不合理なようであるが,実際には内面に欲求阻止 frustration があるための不適応行動 maladjustment なのである.つまり適応した行動をとることに失敗して,悪適応の状態に陥ると,不快や不安感を避けるために,そうした場面を避けて消極的になったり,自分ではできない行動に,いいわけや別の理くつを付ける合理化などの行動が生起する.たとえばイソップ物語にでてくる「すっぱいぶどうの論理」である.

こうした場合のカウンセリングとしては,精神安定,精神集中,あるいは欲求不満に耐える忍耐力養成のための指導や訓練が必要になってくる.これは,カウンセラーによる周到なプランニングにもとづくカウンセリー自身の自発的な自己改善の努力をひき出す方向に向けてやることに重点がある.しかし,治療的カウンセリングとは本質的に異なり,かなり指示,教導的な方向をとる活動である.

3. 適性テスト

職業適性の問題は多くの心理学者が関心をよせてきたテーマのひとつであったが,はじめのころには主に知能水準と職業適性との関係という狭い範囲にかぎられていた.

しかし,大雑把に人間を観察しただけでも,比較的に生得的影響の大きい知能だけが職業生活への成功を決定する要因ではないことが明らかであって,

むしろなめらかな綴字動作とか，数字の操作の敏捷な人が必要な職業も多いのである．

第二次大戦中のアメリカ空軍の練習生選抜のために用いられたステナイン・テストは，パイロット養成に費やされる莫大な費用の節約に大きく役立ったといわれている．

図12-2にしめされたように，9週間の初期訓練期間中に操縦能力がないとか，恐怖感が強すぎるなどの理由でパイロットになることを断念した候補者のパーセンテージは，テスト得点の低い者ほど大きかったという．また特定の職業適性検査にかぎらず，入社試験の一部として，多くの会社が利用する内田クレペリン精神作業検査や，性格テストなども含めて職業適性テストとしてのバッテリー（組み合わせ）を編成することが常識となってきている．

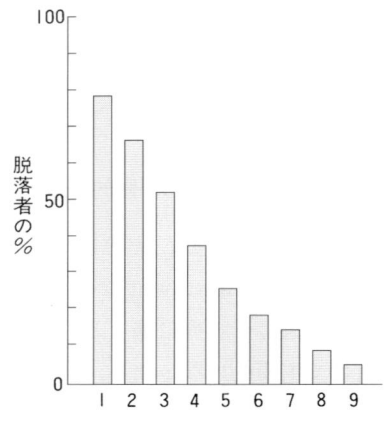

図12-2　脱落者のステナイン得点
〈パイロット選抜検査の得点と脱落者〉

ところで適性 aptitude とは「学習，スポーツ，職業あるいは芸術などの活動や仕事をする時に，勉強したり訓練をうけたり，経験を重ねたりする以前に，そのことがうまくやりとげて成功するかどうかの徴候が，潜在的にその人に備わっている心身の状態や傾向のこと」であると，心理学では定義している．

したがって適性には，体力，体格，体質，感覚や知覚の機能，知能，運動能力，感情や情緒，意志，気質，性格，興味，関心，態度，意欲などいろいろなものが含まれ，とくに職業適性というと，パイロットとか電車やバス，ハイヤー，タクシーなどの運転や操縦の仕事をする人の適性，あるいは，コンピュータの操作をする人の適性など新しい適性検査が作成されている．また会社の入社試験などで従来からよく利用されている適性テストを表12-

表12-1 代表的適性検査

種　類	検査名の一例
作業性格検査	1. 内田クレペリン加算テスト 2. 桐原・ダウニー意志気質検査
人格検査 向性検査	1. 矢田部・ギルフォード性格検査 2. TK式向性診断検査（産業用）
職業興味検査	1. 児玉ストロング職業興味検査 2. 田研式職業興味検査
知能検査	1. 労研R・100成人知能検査 2. WAIS成人知能診断検査
職業適性検査	1. 労働省一般職業適性検査 2. フラナガン職業適性検査
特殊職業適性検査	1. 事務的職業適性検査 2. 機械的職業適性検査
管理監督者用検査	1. 産訓リーダーシップ検査 2. DS型　管理・監督者テスト
その他	1. パイロット適性テスト 2. コンピュータ適性テスト 3. 運轉適性テスト

1にあげたが，これなども一部の代表的なもので，現在ではかなりの種類のものが利用されている．

4. 親子カウンセリング

　子どもたちが健康に育っていくことを願うのは親として当然のことであるが，友だちと遊べない子，登校拒否や家庭内暴力などの問題児や非行少年がふえている．今まで家族の問題点として，「父親なき社会」とか，「母子共生家族」つまりマザー・コンプレックスの親子などと，いろいろの言葉がつくられて話題にされてきた．

　カウンセリングの立場からみて，学校ぎらい，登校拒否，家庭内暴力などが，小学生から中学の下級生ぐらいの年齢でおこるとき，多くの例には分離不安によるものがみられる．

　もうひとつは，中高校生から大学生を含む思春期危機によるもので，これは本人がいろいろな迷いや疑問に遭遇して，不安定な心理状態にあるにもかかわらず，家族からの強制力によって登校を刺激されることへの反応として，昼夜が逆転し，朝はフトンをかぶって部屋から出てこなくなるわけで，こうした行動が家庭内暴力のはじまりである．この暴力は，主に母親に向けられていることが多く，父親のいる家庭の場合には，子どもの側から父親に顔を会わせないよう，つまり敬遠している．こういう家庭の多くは，特別に変わった育て方をしてきたというわけでもなく，普通の家庭であるけれども，か

なり過保護な家庭が多い．また「いじめられ」の経験があったり，親が放任的で甘やかして育てた事例がみられる．

こうした時の両親は，拒否している子ども，暴れている子だけが悪くて，親や，ほかの兄妹たちにはなんの責任もなく，わが家は困惑しているという関与のし方をしたのではいっこうに解決しない．

暴れるのは，自分たちに責任があるのではなかろうかと，家族全員がいっしょになって考えこむ，つまり悩むことがまずこのことの解決の第一歩である．たとえば，母親は甘やかしてはいなかったか，父親は，単身赴任が原因でなかろうか，姉は目先の受験で弟を拒否したせいではないかと共感し，家族全員がその子を受け容れてやって接触の機会をふやすよう努力することが，こうした問題を克服する道を見出すカウセリング的な親子の態度づくりとして重要である．

子どものとり扱いの困難を解決する道は，あるきまりきった知識によるのでもなく，また学問的に原則があるというわけでもない．ただ，そこには経験に富むカウセラーの示唆と，自然の適応性に裏づけられた具体的な知性を信じる親のあり方が求められる．

5．学校カウンセリング

近年，さきに述べた親と子の問題が社会的話題として注目されるようになって，そのたびに学校教育の危機が叫ばれるようになった．

その具体的対策として学校カウンセリングの充実が緊急課題といわれるが，これは生徒指導の強化と，相談活動の充実を指しているのである．学校の指導とは，児童，生徒の豊かな，知，徳，体の調和のとれた人間形成を目標とする教育活動を指しているのであるが，現実には，受験や進学競争のため知育にのみ偏重し，教師と子どもたちとの接触はしだいに虚弱なものとなってしまった．

学校カウンセリングの必要性は，このような社会的風潮と学校教育との相克をなんとか解消しようとの願いから，**教育相談を重視し，カウンセリングルームを学校内に設置し，教師がカウンセラーを補職してきた**．けれども生

徒指導と相談活動とは，必ずしもひとりの教師が兼任して活動できるほど容易な仕事ではなく，両者を統合してカウンセリングとよぶか，またはそれぞれの役割を分化して，後者のみを専任カウンセラーと考えるかは未解決の現状にある．

　しかし，中・高等学校教育では分化の方向が鮮明になるとの予想が多い．これは思春期以降の問題が，専門的トレーニングをうけたカウンセラーによる病理的知識と診断，治療の技法を必要とするからである．

　ところで，大学のカウンセリングは，対象となるカウンセリーが成人であることから，社会人としての見識をもつカウンセリーの一般的なカウンセリング活動となるわけである．わが国の大学では，もともとこうした制度による学生への接触は第二次大戦後の経験である．とくに 1960 年代の大学紛争の頃，過激な運動にのめりこんで体制攻撃の活動に走る学生の背後に，無気力な学生の一群がひかえていたことに気づきはじめた教師も少なからずいた．

　長期にわたる留年者が激増しはじめて，**青年期モラトリアム時代**とか，アイデンティティ拡散の青年たちと，世間では，また**学生補導に関与する当事者たち**のなかからさえも，そのような言葉で物識り顔に話題にされたのである．しかし大学生の不安や抑うつ，あるいはストレスは，子どもの時代とはかなり相違した原因によることが多い事実を，大学の教師や職員がよく認識したうえで，学校組織全体の課題として問題解決のために対処する必要がある．

　たとえば，不適切な勉強のしかたが，学生の試験不安の原因になっている場合もかなり多く，こうした学生は，一方では自分自身に注意が集中して抑うつ状態になり，登校しなくなってしまうことがある．また，受講に興味を失い，大学外部の世界に目が向いてしまって，結局は与えられた学習課題に注意を集中できなくなってしまう場合もある．

　これらの学生を，一般的に無気力学生，スチューデント・アパシーなどとよんできたが，このアパシー apahthy とは，精神病や重いノイローゼによっておきる無気力症状のことで，学生の場合はそうした症状の発生ではない．大学のカウンセリング室などに自分から出向いてくる場合には，まったく病気ではないのである．というのは，真のノイローゼは，ほとんどが自分から

クリニックやカウンセリング・ルームに助けを求めに出向いてくるが，無気力学生の多くは，こうしたところへやってくることはまずないと言ってよい．大学生の年齢段階にある青年たちのもっとも根底にある不安は，多かれ少なかれアイデンティティの問題なのであって，「自分はどうすればうまくやっていけるのか」への問いに，自らの答えができないところにある．

　これは，エリクソンが精神病とノイローゼとの中間くらいの重さの病気の青年たちを治療した経験から言いだしたといわれるが，健康と病気の境目にある状態ともいうことができるであろう．また，エリスはこのようなニューロティックな人たちとともに生活する教師やカウンセラーなどにすすめるカウンセリングの技法として論理療法 Rational-Emotive Thearapy, RET を提唱している．彼の基本的な考え方は，「現在生じている悩みや問題の結果 Consequence (C) が，過去のできごとや経験によって引き起こされている，Activating event or experience (A) ということを前提としている．従来の心理療法やカウセリング技法は，それを分析し，明らかにしようとしてきたが，RET は (C) の原因を (A) に求めるのではなく，カウンセリーのその結果に対して現在いだいている Rational Belief と Irrational Belief すなわち合理的な信念と非合理的な信念（rB と iB）とを分析し，iB を徹底的に分析するのがカウンセラーの役割であるという．だから，ただカウンセリーの発言を傾聴するのではなく，彼の誤った信念に反論し，正しい rB を導きだして，セルフ・コントロールする力を涌き出させるようにしむけることが大切な心構えである．この粉砕 Dispute によって好結果 Effect をもたらすのが RET 理性喚情の療法あるいは論理療法の目的である」と説いている．

　彼の方法は別名 ABCDE 療法ともよばれる．人間は物理的，社会的環境のなかに生きてはいるが，結局はそれらの行動環境に意味を見出して，それらをどう受けとっているかによって苦しんだり，悲しんだり，あるいは喜んだりする感情の世界に生きている．この意味がおかしな，不合理な信念であるから不安になり，憂うつになるのであって，これを合理的なうけとり方に変えるよう働きかけるのがカウンセラーの役割であることを強調しているのである．

6. 職場のカウンセリング

　企業や諸官庁などの大規模な組織にサラリーマンやOLとして就職している人びとのなかに，職場不適応を起こしている人が増えてきて，メンタルヘルスの問題が注目されていることはさきにも述べたところであるが，カウンセリングの立場からみると，もちろんハイテクの生産工場とサービス業とでは，おのずから異なるのは当然であるし，古い歴史のある伝統性の強い企業と，新進の若い企業とでは，また違った対応のしかたが求められる．

　原則的には，まず不適応者をできるだけ出さない予防的対策が第一であるが，実際に問題が発生した場合の対策，そしてその予後の対策の三つに分けられるであろう．

　仕事上の問題で悩んだり，人間関係のことで疎外感をもったりしてストレス状態におちいると，こうした精神的な不安定状態は身体的疾患として表現されることが多いから，職場の診療所関係，あるいは保健担当の厚生組合関係と，カウンセリングを担当する人びととの協力関係を組織として職場に設けることがもっとも有効なあり方といえる．そして不適応者の早期発見が，なによりもカウンセリング成功の鍵であることはいうまでもない．

　しかし，転勤とか単身赴任というような指示命令は，家族問題や私事関係を第二義的に考えての至上命令であることが大部分であろう．プライベートな問題を軽々と上司を相手に話し合えることは稀と思われるから，相談の窓口を開けておくことが予防対策として重要なことになるのである．

　危険な作業場で仕事をしている人たちの安全管理とか，運輸関係の企業の運行管理の担当者たちは，安全カウンセラーとよんでもさしつかえないほどにカウンセリング・マインドをたいせつにすることが仕事の役割上必要になってきているし，勿論衛生管理者には，精神保健管理も重要な仕事となると考える．しかし，従来からの労働関係の法令では，身体面の安全衛生管理に限局されていて，心の健康保持はなおざりにされてきた．

　学校カウンセリングの場合よりもなお遅れているのが，この職場のカウンセリングであって，企業や組織の福祉の問題として，今後はこの方面の制度

化と，活発な発展が望まれるところである．

さらに学びたい人へ

水島恵一：カウンセリング．大日本図書，1985．

林　潔・瀧本孝雄・鈴木乙央：カウンセリングと心理テスト．ブレーン出版，1989．

A. エリス，R.A. ハーバー・国分康孝・伊藤順康訳：論理療法．川島書店，1984．

河合隼雄編著：心理療法の実際．誠信書房，1977．

続有恒：適性．中央公論社，1964．

小西輝夫；サラリーマンと心の健康．日本放送出版協会，1984．

カウンセリングの技法

中西信男・渡辺三枝子：最新カウンセリング入門　－理論・技法とその実際．ナカニシヤ出版，1994．

第2編　心理学の応用

13

福祉のこころ－社会福祉援助と心理学－

1. 高齢者の心理

　社会福祉の実践が，高齢者，障害者をめぐって急務の課題となっており，この分野において活動する人々には心理学的知識・理解と援助活動が切り離すことができないものとなっている．
　このような役割を果たすために要請される心理学の応用領域として，まず，高齢者心理の知識と理解について触れていきたい．

(1) 高齢者の認知機能

　老人病院，福祉施設等に入院・入所している高齢者は，ドア越しに，自分の部屋を訪れる人が，医師か，看護婦か，ケアワーカーであるか，あるいは家族であるかを足音や話し声によって知ることができる．このように外界の情報を知る（理解する）ことを認知という．外界の情報は感覚器官を通して，時系列上に処理されるため，認知機能は情報処理機構ともよばれ，知覚，記憶，思考から構成される．これらは第1章～第3章に詳述されているので，ここでは，高齢者の理解（知的活動）と記憶様式について述べたい．

高齢者の知的活動

　加齢による心理的変化については，従来の考え方として，物忘れが多くなる，新たな学習が苦手，熱中できない，物事に感動しなくなったなどの知的活動の低下，また，人格面でも偏屈，気が短くなる，怒りっぽい，一方的発言が多くなるなど，衰退的変化の面に議論の中心がおかれてきた傾向は否めない．
　しかしながら，私たちの周りをよく見わたしてみると，50代半ばにしてすでに，これまでの日常生活に疲れ，気力を失い，新たな挑戦を断念し，自

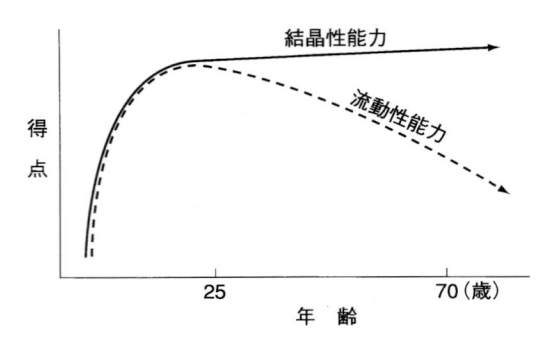

図13-1 結晶性/流動性能力の加齢パターン（モデル）
（出典 Baites, P. B., Reese, H. W. & Lipsitt, L. P. : Life-span developmental psychology. *Annual Review of Psychology*, 31：65-110, 1980.）

分にはもはや知識獲得は無理と考えている人，一方で，20代，30代の若者と堂々と議論を戦わし，若者に知恵を授けている80代の人もよく目にするところである．このようにみてくると，高齢者の知的活動の様相についての正しい理解が必要となろう．

アメリカの心理学者R. B. キャッテルは，人間の知的活動を流動性能力と結晶性能力の2つに大別し，一つのモデルを提唱した（図13-1）．

それによると，**流動性能力**とは，「頭の回転の速さ」「正確さ」など神経系の機能にかかわる能力で，①文化や教育の影響を比較的受けにくく，②個人の能力のピークが早期（10代後半から20代前半）に現れ，③老化に伴う能力の衰退が顕著であり，他方，**結晶性能力**は，「経験上の知識と実践」「知恵」など，経験，鍛錬の積み重ねによって得られた能力（言語性能力）で，①文化や教育の影響を大きく受け，②能力のピークに達する時期が遅く，③老化による衰退が緩やかである，という特徴が示されている．

では，結晶性能力をできるだけ長く維持し，活性化をはかるためには，どのような日常生活上の課題に取り組まなければならないのであろうか．長谷川和夫は長く痴呆（dementia）の臨床に携わった経験から，次のような心理体験についてのアドバイスをしている．

それによると，人間の心理体験は，大きく没頭体験と見通し体験の2つに分けられる（米国のカステンバウムの考え方に依拠）．ここで，**没頭体験**と

は，仕事や遊びなどに夢中になって没入する体験で，一方，**見通し体験**は，客観的立場に立って現在の行為を分析する体験のことであり，自我の未発達な幼児期には少ないとされる．ところが，老年期になると身体上および環境上の問題から没頭体験が少なくなり，見通し体験が多くなる．結果，自ら何かに取り組むよりも傍観者的立場に陥り，活動意欲の低下をまねくことになるのである．

したがって，没頭体験を呼び戻すためには，価値志向性と実際の活動（北守，1995）が重要なポイントであると思う．たとえば，それぞれの能力に応じた仕事を続け，常に頭を使っていること，あるいは，興味をもって，夢中になってそれに打ちこむことである．

高齢者の記憶様式

健常成人を中心とした記憶研究の方法，ならびに記憶の仕組みについては第2章で詳しく触れられているので，ここでは，福祉臨床の場面における差し迫った課題について取り上げたい．

老人病院，福祉施設等の臨床場面に携わっているとよく経験することであるが，高齢者の場合，新しい事柄の記銘成績は若年層に比較して劣り，かつ記銘達成まで長時間を要することが観察される．しかし，一方で，壮年期頃（働きざかり）の記憶内容は，克明に想起することができる．筆者も78歳の方の現役最盛期頃の体験を約2時間にわたって聴取したが，一週間後，さらに一週間後の面接で，まったく同じ内容の体験を3度拝聴することになったが，話の時間的順序，身振り，手振りにタイミングも正に正確であった．何よりも話している当人の表情がいきいきしていたのには感動すら覚えたものである．つまり，高齢者の場合，配偶者・子供の死，戦時体験，若いときの恋愛，子育ての苦労などは忘れられない体験としていつまでも残っているようである．

ところで，山鳥（1990）は，記憶障害の臨床経験にもとづいて，生活記憶と知的記憶の2つの記憶概念を提唱している．**生活記憶**とは，生活経験，出来事等の最も直接的な貯蔵様式であり，一方，**知的記憶**は，この経験が体制化され，概念化されて貯蔵される．また，生活記憶は知的記憶に比較して，生活経験，出来事のなかの知覚的な性質（映像や音）に依存する度合が強く，

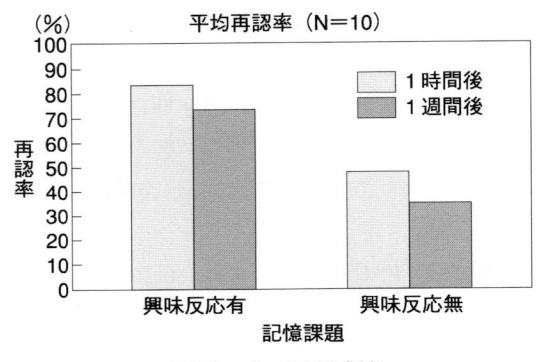

図13-2　再認成績

イメージによって喚起されるという特徴をもつとされる．生活記憶，知的記憶は，それぞれタルビングの記憶概念の分類にもとづくエピソード記憶と意味的記憶に対応するであろう．

このようにみてくると，加齢に伴い高齢者の記憶様式は，知的記憶に比較して生活記憶が優位に変化していくと考えてよいであろう．

しかしながら，生活経験，出来事のすべてが記憶痕跡として残存していくのであろうか．この課題に取り組むため，北守（1996）は次のような実験を試みた．70歳以上の高齢者にテレビ番組（水戸黄門）を視聴してもらい，視聴中の生理反応（GSR）と興味反応（key押し反応）を測定し，興味反応が検出された場面とそうでない場面の再認テストを1時間後と1週間後に実施したところ，明らかに興味反応が検出された場面の成績が勝っていることが判明した（図13-2）．

(2) 中・高齢者の人間関係

老後に不安に感じていることの第1位は自分自身の健康への不安（37％），第2位は配偶者との死別（独りぼっちで頼るものがない不安）（21％）で，第3位に経済的な生活が成りたたなくなるかもしれない不安（10％）があげられる．この結果は，1992年と1997年に総務庁（現総務省）が実施した国際比較調査の結果（総務庁，1997）にみられ，この不安の背景には，子供との同居・別居とにかかわらず，自分が倒れた後の介護援助にかかわる

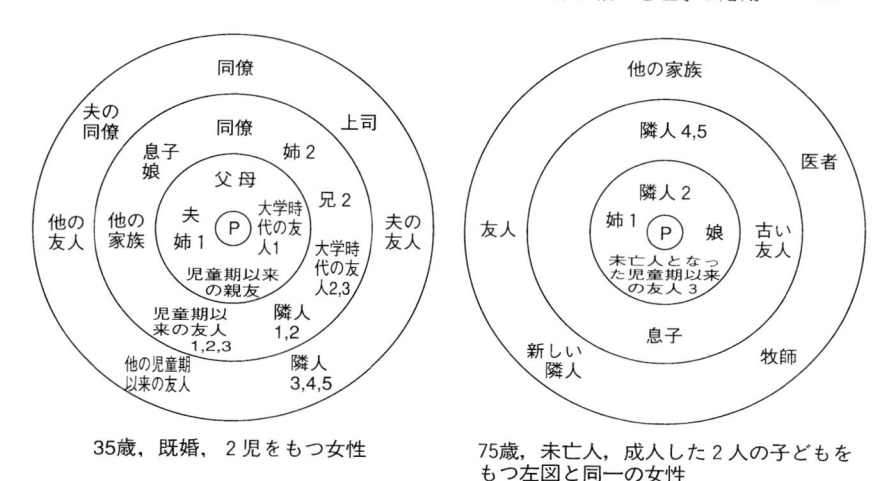

図13-3 生涯発達におけるコンボイの構成の変化
ある女性の生涯の異なる2時点におけるコンボイ

（左図）35歳，既婚，2児をもつ女性
（右図）75歳，未亡人，成人した2人の子どもをもつ左図と同一の女性

人間関係の複雑な様相が見え隠れしている．

このように，他者との関係（心の交流）は独居世帯・同居世帯とにかかわらず，また，A. デーケンも指摘しているように，洋の東西を問わず高齢者の共通の悩みとしての「孤独」の問題に連なるのではないだろうか．

ところで，デーケンによれば，それぞれ人は，多種多様な機会に囲まれて日常生活を送っている．それらの機会は周囲から望まれる機能，もしくは期待される役割を果たすかどうかによって評価され，そこに一つの人間関係が成立する．たとえば，会社における同僚・上司であるが，これは直接的に機能・役割に依拠した関係である．また，職場や近隣における友人は機能・役割としての評価はいく分ゆるい関係である．一方で，機能・役割に依拠せず，かつ安定した関係（人格的関係）を築いていく場合もある．家族であり，配偶者であり，親友である．

カーンとアントヌッチ（1980）は，これらの関係が本人の周りを同心円状の層をなしていると考えて，一つのモデル，すなわち**コンボイモデル**（convoy model）を提唱した．図13-3に，ある女性の生涯の異なる2時点におけるコンボイを示したが，老年期にはいると，35歳時における夫の同僚・

上司などの職場を中心とした関係（機能的関係）が減少し，変わって，友人・医者・隣人・子供といったより内側の関係（人格的関係）へと狭まっていき，その内容も当然，変化していくものと思われる．高齢者のこのような人間関係において大切なことは，自ら「精神的孤独」に陥らないことである．

デーケンは，人間関係の改善に関連して，機能的アプローチと人格的アプローチの区別を強調しているが，機能的アプローチとは，中年期において組織の中で評価され，期待されてきた肩書きや役職が無意識のうちに人間関係の中にもち込まれる場合であり，人格的アプローチとは，肉親や友人との関係のように機能・役割とはかかわりなく，その人なるがゆえに（相手の自由と価値を認めること）対話しようとする姿勢である．

コミュニケーションの断絶が「精神的孤独」であるとすれば，デーケンの考え方は「高齢者の生きがいとは何か」という視点からも傾聴すべきであろう．

2. 障害者をめぐる心理学的知識

一口に障害者といっても，その内容は多種多様であるが，リハビリテーションや介護の対象となる障害の種類は，大きく身体障害者と精神障害者の2つに分類される．肢体不自由，視覚障害，聴覚障害，さらにはこれらの障害をあわせもつ重複障害は身体障害として，また，情緒障害，精神遅滞，学習障害，自閉症，痴呆などは精神障害として分類される．

障害者基本法においては，障害者を次のように定義している．「障害者とは，心身に障害があるため，長期にわたり日常生活または社会生活に相当の制限を受ける者をいう」．

(1) 障害者の心理と援助

ここでは中途障害者，つまり人生のある時期に病気，あるいは災害や事故に遭遇し，障害者となった人々を中心に，どのような心理過程を経て，第2の人生再建へのプロセスに進むか，また，それをどのように理解し，障害者とかかわり，援助していくかについて考えてみたい．

第2編　心理学の応用

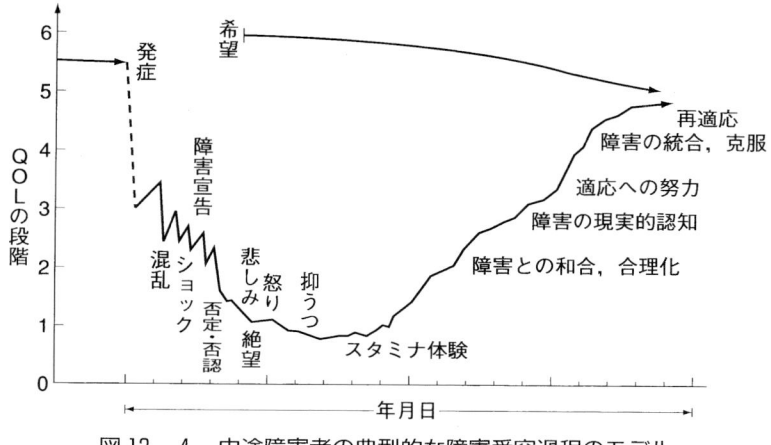

図13-4　中途障害者の典型的な障害受容過程のモデル

　中途障害のうち，交通事故等による障害は年齢にかかわらず遭遇する危険にさらされているが，脳出血，脳梗塞をはじめとする脳血管障害は45〜60歳位の年齢に多いとされている．いずれにせよ，人生の途中でこのような場面に遭遇した場合，社会生活上にこうむる不利益（handicap），生活上必要な諸種の動作を遂行するうえでの困難（disability），もしくは身体機能の欠陥，または喪失（impairment）など，自分につきつけられた大きな課題を目のあたりにしたとき，心理的に大きな衝撃を受けることは想像に難くない．

　そこで，中途障害者の意識的変化について考えてみたい．まず，脳血管障害，事故等に伴う意識障害（軽度の場合もあるが）から覚醒し，自分の身に起こっていることに驚き（恐怖），不安から心理的抑うつ状態に陥る．その後，周囲（医師，看護師，OT，PT，あるいは家族）への依存的態度が強く出てくる．しかし，本人の人生にとってここで大切なことは，このような受動的態度から，障害という現実を受け入れる気持ちの切り換え（障害の受容）とともに，短期目標（short goal）そして長期目標（long goal）に向かおうとする能動的態度（闘病精神）である．

　ただし，障害の受容に至るプロセスは個人差が大きく一様ではない．ここに，障害の受容を動機づけるための心理的サポート（カウンセリング，心理療法）の必要性が生まれる．しかし，安易な動機づけは強く戒めたい．心理

的にサポートする者は，心理療法家（セラピスト）と障害者という立場ではなく，同じ人間として障害者の立場に身をおいた共感的能力と辛抱強さが是非とも必要である．図13-4に，中途障害者の典型的な障害受容過程のモデルを提示した．

3. 福祉的援助活動とこころ

　援助活動における基本的態度は「他者の受容」と「共感的なかかわり」であるといわれている．

　「他者の受容」とは，文字通り対等な間柄としてあるがままの相手を受け入れることである．援助活動のなかで，援助者がアドバイスし，教える者として，いわば人生の先輩や教師として被援助者の前に登場しては同等な関係は成立しえないのである．

　「共感的なかかわり」とは，被援助者の感情や個人的な意味合いを感じとること，別の言い方をすれば，被援助者のほうで「自分の気持ちがわかってもらえた」「自分の心が伝わった」と思われることに他ならない．

　この2つの基本的態度は，実際の援助活動に際して，それぞれ個別のものとしてとらえるのではなく，対等の関係のなかで（**受容**），むしろ，意見，気持ちのくい違いというプロセスを経て，気持ち，心が通じていく（**共感的理解**）と考えるべきであろう．また，援助活動とは，さまざまな課題を抱えている人と人とのかかわりであるから，誰にでも通用するマニュアル的なものが用意されているわけではなく，意見のくい違い，感情のいき違いはあってしかるべきであるし，このような実体験を通して，少しずつ何かを感じとることのほうが，その人なりのこころの通じた援助活動ということができる．この意味で，援助者には持続性と辛抱強さが要請されるが，そのような援助活動を通して援助者自身の人間的成長もはかられることになろう．

　ところで，痴呆症の高齢者をみるとき，彼らが痴呆というハンディキャップをもちながらも，そのなかで自分なりに一生懸命に生きようと努力している姿，あるいはそれで困惑している姿が認められる．したがって，援助においては，その生き方（生存様式）を知り，そのこころ（態度）にそって，彼

らを自分らしく生きられるように援助や支援をしてゆくことがケアの趣旨である．つまり，その人のこころの動きや精神活動のあり方は，その人と日常生活を通した接触や介助，あるいは行動をともにするなかでわかってくるものである．

このようにみてくると，相互に価値的世界を共有することが福祉的援助活動，ひいては共生的社会の意味ではないかと思う．

さらに学びたい人へ

長谷川和夫編：老年期のこころ．こころの科学 No. 5，日本評論社，1986．

下仲順子編：老年心理学．培風館，2001．

杉村省吾編著：障害者の心理．一橋出版，2001．

長谷川和夫編：老年期痴呆．精神科MOOK 8，金原出版，1984．

J. バーゼビー，Ph. ディザボー著，濱中ほか訳：神経心理学エッセンス，医学書院，1983．

田中尚輝：高齢化時代のボランティア．岩波書店，1994．

坂野雄二編：臨床心理学キーワード．有斐閣，2001．

エピローグ

　学問の世界には，基礎と応用の二つの分野があり，それぞれの立場から研究・教育がおこなわれる．心理学においてもこれは同じで，ちょうど医学に基礎医学についての知識や理解が必要であるとともに，臨床医学の実際的問題を解決する診断学，治療学のテクニックを身につけて一人前の医師としての仕事ができるようになるのと似ている．

　19世紀の半ばを過ぎるころから，実験科学の強い影響を受けながら心理学は基礎的理論の確立に努力を傾けて研究をすすめてきたと同時に，教育や産業の活動に，そして臨床心理学へと応用的分野からの問題解決をせまられ，つぎつぎに新しい方法を考案・工夫してきたのである．

　したがってどこまでが心理学の基礎で，何が応用かという区別を一刀両断することは，いかに練達の心理学者でも至難の問題であろう．

　わたしたちは，情報化を志向する現代社会のなかに生き，人間の知を情報のモデルに依拠して研究している認知心理学の研究成果が着々と生み出されつつある現状を目の前にして，どうしてもこの分野の基礎的知見を紹介しなければならないとの思いにかられていた．

　幸い本書の第Ⅰ部を基礎編として，この構想を実現することができたことを望外の喜びと感じている．

　第Ⅱ部は，身のまわりの日常生活のなかでおきる実際問題に直面したときに，よりよい解決をはかるときに必要な心の健康の保持・向上を目標として，心理学をすこしでも人間の暮らしに役だてていただけることを願って執筆した．

　「心理学の歴史は短いけど，過去は長い」とは，先達エビングハウスの有名なことばであるが，これを読者の皆さんにお送りして結びとする．

　1991年10月10日

　　　　　　　　　　　　　　　　　　　　　　　　　森　二三男

索　引

【あ】

アイゼンク　130, 158, 168
　　──の性格表現　132
　　──の類型的因子論　130
アドラー　4
アパシー　177
アルゴリズム　68
アルコール依存症　94, 169
アルツハイマー症状　143
アントヌッチ　185
あがり症　93
愛着行動　112
暗記力　40

【い】

イド (id)　132
イメージ
　　──コード　46
　　──コントロール　46
　　──トレーニング　94
　　──記憶　44
　　──記憶法　46
　　──表現　165
インスペクション法　162
インパルス　14
インベントリー　157
一般的問題解決システム (GPS)　66, 67
井上哲次郎　1
意志伝達　72, 75
意識　4, 167
意味ネットワークモデル　48
意味解析　69, 70
意味的記憶　51, 184
維持リハーサル　34
因子論　129
飲水行動　97

【う】

ウィットマー　156
ウェクスラー　137
　　・ベルビュー式〔知能〕検査　137, 138
　　──児童用知能検査 (WISC)　137
　　──成人用知能検査 (WAIS)　137
ウェルトハイマー　2
ウォルフ　152
ウォルピ　168
ヴァリンズ　109
うつ病　87
内田クレペリン〔精神作業〕テスト　161
内田勇三郎　161
馬問題　55

【え】

エゴ (ego)　132
エドワーズ　161
　　──の人格検査 (EPPS)　159, 166
エピソード記憶　51, 184
エビングハウス　30
エリクソン　115, 116, 121
　　──のライフサイクル　120
　　──の「人生の完成」　121
　　──の発達過程　115
　　──の発達段階　115
エリス　178
エーレンフェルス　2
エンジェル　3
演繹的推論　58

【お】

オドバート　128
オペラント条件づけ　88, 168
オペラント反応　89
オールポート　128
　　──の心誌　128, 129
　　──の特性論　128
置き換え　105
奥行き知覚　9
親子カウンセリング　175

【か】

カウンセラー　156
カウンセリーの受容　171
カウンセリング　156, 168, 170
カクテルパーティー効果　26, 28
カーネマン　62
カリフォルニア人格検査 (CPI)　159, 166
カーン　185
ガイダンス　171
ガードナー　76
ガルシア効果　86

下側頭葉　15
火事問題　56
回避-回避型コンフリクト　105
開眼者　19
絵画欲求不満検査（P-Fスタディ）　164
外向型（性）　127, 131, 158
外側膝状体　13
外胚葉型　126
概念の階層構造　47
概念駆動型処理　11, 42
顔認識細胞　15
学習　83
　——性絶望感　87
　——性無力感　87
　——不振　87
学校カウンセリング　175
重ねかき法　45
賢い馬ハンス　74, 75
型板照合モデル　22
葛藤　172
家庭内暴力　175
干渉説　38
完結対絶望　121
冠動脈性心疾患（CHD）　150
桿体　12
感覚運動期　114
感覚記憶　31
感覚遮断実験　102
感覚性動機づけ　102
感覚論　2
簡易知能評価スケール　143

【き】

キメラ図形　18
キャッテル　1, 129, 182
　——の因子論　129, 130
　——の根源特性　130
　——の特性要素　129
　——の特性論　129
キャノン　108, 172
　——・バード説　108
キリアン　48
ギブソン　12
ギブソン流の見解　12
ギルフォード　159
気質　124
　——類型　125, 127
記憶　30
　——の記銘　30
　——の再生　30
　——の刺激　30
　——の初頭効果　35
　——の情報処理モデル　34
　——の親近性効果　35
　——の二重構造　33
　——の保持　30
　——検出法　30
　——障害　51
　——喪失　51
記銘　30
機能的アプローチ　186
機能的関係　186
帰納的推論　58
虚偽尺度（L尺度）　158
共感的理解　171, 188
共通特性　128
教育相談　176
興味反応　184

【く】

クレッチマー　124
　——の類型論　124
　——の気質類型　125
　——の体格類型　124, 125
クレペリン　161
グラーツ学派　2
具体的操作期　114
空想的選職期　116, 117
形成的操作期　114

【け】

ケイガン　113
ケーラー　2
ゲシュタルト心理学　2
系列位置記憶　35
系列位置効果　36
形成的操作期　114
結晶性知能　142
結晶性知能　182
健康心理学　147
顕在性不安検査（MAS）　159
言語　72
　——コード　46
　——の生産性　77
　——の汎用性　77
　——機能　72
　——性知能　142
限界容量モデル　27
原始的自我（イド）　132
現実的自我（エゴ）　132
現実的選職期　116, 117
減衰説　38

【こ】

コフカ　2
コーネル・メディカル・インデックス（CMI）　152

索引　193

コリンズ　48
コンピュータ・シュミレーション　66
　　──モデル　23
コンフリクト　105,172
コンボイモデル　185
ゴーツ　161
こころのエネルギー　127
古典的条件づけ　85
固執傾向　104
個性化　121
行動科学　3
行動科学的心理学　3
行動主義心理学　3
行動療法　168
攻撃行動　104
構成主義　2
構文解析　69
合理化　105
刻印づけ現象　111
根源特性　129

【さ】

サイコセラピー　156
サイコドラマ　165
サイモンズ　113
サーストン　135
　　──の知能構成因子　135
サリバン　4
作業検査法　161
作用心理学　2
再構成　43
再生（ユング）　121
再生（記憶の）　30
再生法　30
再認法　30
錯視　8,10

錯視図形　8,9
暫定的選職期　116,117

【し】

シェマ　114
シェルドン　126
　　──の気質類型　127
　　──の体格類型　126
シカゴ学派　3
シュナイドマン　167
シュプランガー　127
ジェームズ　108
　　──・ランゲ説　108
ジェンキンス　50
自然言語理解　69
刺激（記憶の）　30
思考　53
　　──の機械化　57
視覚　7
視覚野　13
視細胞　12
視神経　13
自我発達　115
自己実現　121,171
自動性　28
自閉的子ども　94
児童期　114
事前確率　63
色覚　15
　　──の段階説　17
　　──異常　13
色盲　13
質問紙法　157
実験神経症　86
社会化　113
社会的学習　113
社会的性格　133
社会的促進　98

社会的動機づけ　103
主観的輪郭線　8
主題構成検査　164
腫瘍問題　56
受容　188
集団〔精神〕療法　165
集中内観療法　169
生涯の進路発達　119
生涯発達　111
昇華　105
処理水準説　42
初頭効果　35
条件づけ　50
条件反射　85
条件反応　85
情動　106
　　──の2要因説　109
　　──中枢起源説　108
情報処理アプローチ　31
職業指導運動　156
職業心理学　116
職業選択　116
職業適応方向　117
職場のカウンセリング　179
心気神経症　154
心誌　128,129
心的資源　27
心理劇　165
心理診断　156,157
心理的不適応　170
心理療法　156,167
身体型気質　127
神経回路網モデル　25
神経症性傾向　158
神経節細胞　13
真空活動　104
進路指導　156

新行動主義心理学　3
親近性効果　35
人格検査　157
人格的アプローチ　186
人格的関係　186
人工知能　65
人工的言語　75
人生の完成　121
人生の四季　118

【す】

スキナー　3
スタンフォード・ビネー〔式知能〕検査　136
スタンレイ・ホール　1
スチューデント・アパシー　177
ステナイン・テスト　174
ストレス　147
　——の作用機転　148
　——度評価票　149,150
　——反応　147
ストレッサー　148
スーパー　116,119
スーパーエゴ（super-ego）　132
スパーリング　32
すっぱいぶどう論理　173
推論　58
鈴木・ビネー式知能検査　136
頭脳型気質　127

【せ】

セット効果　57
セリエ　147
セルフリッジ　23
正の強化　89
生活記憶　183
生活年齢　138
生徒指導　176
成人期　118
性格　124
　——テスト　157
　——特性　128
性行動　100
青年期　116
　——モラトリアム時代　177
精神作業検査法　161
精神診断学　163
精神〔発達〕遅滞　140
精神的孤独　186
精神年齢　136,137
精神薄弱　140
精神分析〔学派〕　3,104,166
精緻化　42
　——リハーサル　34
接近-回避型コンフリクト　105
接近-接近型コンフリクト　105
摂食行動　97
節約法　31
選択的注意　25
全身の適応　148
全体報告法　32
前意識　167
前操作期　114

【そ】

ソーンダイク　140
ゾンディ　164
　——テスト　164
相談活動　176
躁鬱気質　124,125

【た】

タイプA行動　150
タクシー問題　63
タルビング　184
ターマン　136
ダウニー意志気質検査　161,166
ダレンバッハ　50
多次元尺度構成法　49
体格類型　124,125,126
退行現象　104
代償　105
代表制の原理　62
代理母親　112
脱感作療法　168
単語解析　69
単語辞書　69
短期記憶　33,37
　——の処理　37

【ち】

チャンク　37
チャンスレベル　30
チョムスキー　4
知恵遅れ　140
知覚　7
知的記憶　183
知的機能　5
知能　135
　——テスト（検査）　136,156
　——の多因子説　135
　——の分布　139
　——の分類　139
　——構成因子　135
　——指数（IQ）　137,138

索　引　195

──指数水準　141
──偏差値　138
知力　114
痴呆　142
逐次接近法　90
中枢起源説　108
中途障害〔者〕　186
中年の危機　119
中胚葉型　126
長期記憶　33,39
──の忘却　50
調節　144
直観像　44

【つ・て】

追唱　26
錐体　12
ティチェナー　1
テーラー　159
テラス　76,77
デーケン　185,186
データ駆動型処理　42
デューイ　3
適応　144
──指導　171
適職環境　117
適正　174
──テスト　173

【と】

トークンエコノミー法　168
トップダウン処理　11
トップダウン・プロセス　42
トバスキー　62
賭博者の錯誤　62
投影　105

投影法　162
統覚　1
──検査　163
闘士型　124,125
同一性の拡散　116
同化　144
同調性気質　125
動機　96
動機づけ　96
動作性知能　142
動物の知能　50
特殊飢餓　97
特性要素　129
特性論　128,129
特徴抽出　23
──モデル　23,24
──細胞　14
独自特性　128

【な】

ナイサー　4
──の認知心理学　4
内観法　1
内向型（ユングの）　127,131,158
内省法　1
内蔵型気質　127
内胚葉型　126
内発的動機づけ　102
内閉性気質　125,126

【に】

二重コード説　47
日常生活能力（ADL）　142
乳・幼児期　113
認知　4
──機能　5

──機能（高齢者の）　181
──心理学　4
──的発達段階　114

【ね・の】

粘着気質　125,126
粘着性気質　125,126
ノイローゼ　177,178
脳梁　18

【は】

ハサウェイ　158
ハドソン　20
ハノイの塔　54
ハル　3
バンデューラ　113
パーソナリティ　124
──テスト　157
──理論　4,132
パーソンズ　134,156
パタン認識　22
パタン認知　22
パブロフ　85
──の犬　85
──型条件づけ　85
廃用性ぼけ　143
長谷川式簡易知能評価スケール　143
発育異常型（体格類型）　124
発達　111
──の臨界期　111
──過程　115
──課題　112
──段階　112,115,118
──的危機　116
罰訓練　87

反動形成　105
反応決定因　163
反応領域　163

【ひ】

ヒューリスティクス　68
ピアジェ　114, 144
　――の認知的発達段階　114
ビネー式知能検査　136
比喩　55
非指示的カウンセリング　170
肥満型　124, 125
微小電極法　14
光の3原色性　16
左半球（大脳の）　13
表出特性　129
表象　46
表情　107
表情分析　107
表面特性　129
描画テスト　165

【ふ】

フィルター・モデル　26
フラストレーション　104, 172
フリードマン　150
フロイト　3, 132, 166, 168
フロム　4
ブールドン抹消検査　161, 166
ブロードベント　4, 26
ブント　1, 130
　――の4気質説　130
プラスチック記号言語　78
プルキニエ現象　16

プレマック　76
プロトコル　68, 163
　――分析　68
不随意反応　88
不適応行動　173
負の強化　89
符号化　37
部分報告法　32
文章完成テスト（SCT）　162
分割脳患者　18
分裂気質, 125　124

【へ】

ヘインズ　76
ヘイバー　44
ヘリングの錯視図形　8
ヘルムホルツ　11
ヘルムホルツ流の見解　11
ベイズの定理　63
ペルソナ　133
並列処理　23

【ほ】

ホメオスタシス　96, 172
　――機構　97
ホーランド　117
ホルネー　4
ボウルビー　112
ボトム・アッププロセス　42
ぼけ　142
保持（記憶の）　30
母子共生家族　175
忘却　38, 50
　――の減衰説　38
　長期記憶の――　50
細長型　124, 125

没頭体験　182

【ま】

マイノング　2
マザーコンプレックス　175
マスロー　172
　――の欲求の段階的発達説　172, 173
マッキンレイ　158
マッハ　2
　――の感覚論　2
マレー　164
松本亦太郎　1

【み・む】

ミネソタ多面的人格目録（MMPI）　158
ミューラー・リヤーの錯視図　9
ミラー　4
見通し体験　183
味覚嫌悪学習　86
右半球（大脳の）　13
水がめ問題　57
無意識　4, 167
無意味つづり　35
無気力学生　177
無条件刺激　85
無条件反応　85

【め・も】

メンタルヘルス　146
　――カウンセリング　146, 157
命題　47
　――コード説　47
　――表現　47

迷信行動　91
モーズレイ性格検査
　（MPI）　158
モラトリアム世代　116
モレノ　165
網膜　12
目標手段分析　68
目標設定　103
物語連鎖法　41
問題　53
　――解決　53

【や・ゆ・よ】

ヤーキース語　80
やる気　103
矢田部-ギルフォード〔性格〕
　検査（YG性格検査）
　159
矢田部〔達郎〕　159
ユング　4, 121, 127, 162, 168
誘発反応　88
4枚カード問題　59
よく定義された問題　54
抑圧　104
欲求阻止　173
欲求の階段的発達説　172, 173

【ら】

ライフサイクル　120
ラポール（rapport）　157
ランゲ　108

ランダムドットパタン　45
ランボー　76, 79
来談者（クライアント）
　156
　――中心のカウンセリング
　170

【り】

リソース　27
　――モデル　27
リハーサル　34
理性喚（感）情療法　178
理想的自我（スーパーエゴ）
　132
力動的心理学　156
流動性知能　142, 182
両耳分離聴実験　26
臨界期　111
臨床心理学　156
臨床的面接　157

【る・れ】

類型的因子論　130, 131
類型論　124
類推　55, 56
レビンソン　118
　――の「人生の四季」
　118
　――の発達段階　118

【ろ・わ】

ロジャーズ　170
　――の心理的不適応

　170
ローゼマン　150
ローゼンツワイク　164
ロールシャッハ　162
　――テスト　162
　――の精神診断学　163
ロレンソン　111
老年期　120
老年性痴呆　143
論理療法　178
ワトソン　3

【略号】

ABCDE療法　178
ADL　142
CHD　150
CMI　152
CPI　159, 166
EPPS　159, 166
GPS　66
HTPテスト　165
IQ　137, 138
MAS　159
MMPI　158
MPI　158
P-Fスタディ　164
RET　178
SCT　162
TAT　164
WAIS　137
WISC　137
YG〔性格〕検査　159

〈著者略歴〉

森　二三男
　1960年　北海道大学大学院教育学研究科修了（心理学）・
　　　　　医学博士
　　　　　元北海道大学教授
　　　　　元医療法人札幌グリーン病院（臨床心理士）

北守　昭
　1976年　北海道大学大学院教育学研究科修了（心理学）
　　　　　元北海道工業大学教授
　　　　　EWS（Earth Wind Sky Institute）
　　　　　自然の感性科学研究所代表

山田　弘司
　1988年　北海道大学大学院文学部研究科修了（心理学）
　　　　　酪農学園大学教授

心理学－基礎と応用－第2版　　　ISBN 978-4-263-23336-8

1992年 1月10日　第1版第1刷発行
2001年 7月20日　第1版第8刷発行
2002年 2月10日　第2版第1刷発行
2020年 9月10日　第2版第10刷発行

著者代表　森　二三男
発 行 者　白 石 泰 夫
発 行 所　医歯薬出版株式会社

〒 113-8612　東京都文京区本駒込 1-7-10
TEL.（03）5395-7618（編集）・7616（販売）
FAX.（03）5395-7609（編集）・8563（販売）
https://www.ishiyaku.co.jp/
郵便振替番号 00190-5-13816

乱丁・落丁の際はお取り替えいたします　　印刷・壮光舎印刷／製本・榎本製本
Ⓒ Ishiyaku Publishers, Inc., 1992, 2002. Printed in Japan

本書の複製権・翻訳権・翻案権・上映権・譲渡権・貸与権・公衆送信権（送信可能化権を含む）・口述権は，医歯薬出版（株）が保有します．

本書を無断で複製する行為（コピー，スキャン，デジタルデータ化など）は，「私的使用のための複製」などの著作権法上の限られた例外を除き禁じられています．また私的使用に該当する場合であっても，請負業者等の第三者に依頼し上記の行為を行うことは違法となります．

JCOPY ＜出版者著作権管理機構　委託出版物＞

本書をコピーやスキャン等により複製される場合は，そのつど事前に出版者著作権管理機構（電話03-5244-5088, FAX 03-5244-5089, e-mail:info@jcopy.or.jp）の許諾を得てください．